Anglo-Didáctica Li

Frases de todos los días
en inglés y en español

Con transcripción fonética en ambos idiomas

Fifth Edition

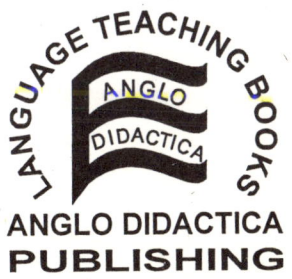

**ANGLO DIDACTICA
PUBLISHING**

The images and cliparts used on the cover of this book are from Corel Gallery Fun Art CD-ROM and Corel Gallery Magic CD-ROM.

© Editorial Anglo-Didáctica, S.L.

No unauthorized photocopying

Reservados los derechos para todos los países. De conformidad con lo dispuesto en el artículo 534-bis del Código Penal vigente, podrán ser castigados con penas de multa y privación de libertad quienes reprodujeren o plagiaren, en todo o en parte, una obra literaria, artística o científica fijada en cualquier tipo de soporte sin la preceptiva autorización. Ninguna parte de esta publicación, incluido el diseño de la cubierta, puede ser reproducida, almacenada o transmitida de ninguna forma, ni por ningún medio, sea éste electrónico, químico, mecánico, electro-óptico, grabación, fotocopia o cualquier otro, sin la previa autorización escrita por parte de la Editorial.

Impreso en España
Printed in Spain

ISBN: 84-86623-91-X
Depósito legal: M. 20.496-2001

Editorial Anglo-Didáctica, S.L.
C/ Santiago de Compostela, 16
28034 Madrid - Spain
Tel. y fax: 91 378 01 88

Impreso por Fareso, S. A.
Paseo de la Dirección, 5 - 28039 Madrid

CONTENIDO

Páginas

Introduction.—Introducción	x
Pronunciation.—Pronunciación	1
Greetings.—Saludos	5
Thanking somebody.—Para dar las gracias	6
Politeness.—Cortesía	6
Taking leave.—Al despedirse	9
When you like something.—Cuando algo gusta	10
When you dislike something.—Cuando algo no gusta	12
When something doesn't matter.—Cuando algo no importa	14
When something has been lost.—Cuando algo se ha perdido	15
Asking for something.—Para pedir algo	16
Don't worry about it.—No se preocupe por eso	17
When you don't believe something.—Al no dar crédito a algo	18
When you have understood.—Cuando se ha comprendido	20
When you can't find the right word.—Al no encontrar la palabra exacta	20
Meeting a friend.—Al encontrar a un amigo	21
Asking for permission.—Para pedir permiso	22
Giving permission.—Para dar permiso	23
Beginning a conversation.—Para iniciar una conversación	23
When you haven't heard what somebody has said.—Al no oír lo que alguien ha dicho	25
He is a very pleasant man.—Es una persona muy agradable	26
I can't stand him.—No lo puedo soportar	27
An appointment.—Una cita	29

Páginas

Health.—Salud	30
Apologizing.—Para disculparse	33
Giving an opinion.—Para dar una opinión	35
Asking for an opinion.—Para pedir una opinión	36
Avoiding giving an opinion.—Para evitar dar una opinión	37
Commands.—Ordenes	38
Exclamations.—Exclamaciones	41
Approval.—Aprobación	43
I don't agree with you.—No estoy de acuerdo con usted	46
Doubt.—Duda	48
Certainty.—Certeza	49
Ignorance.—Ignorancia	49
Protest.—Protesta	50
Desire.—Deseo	51
Possibility.—Posibilidad	51
Impossibility.—Imposibilidad	52
Promise.—Promesa	53
Giving a suggestion.—Al hacer una sugerencia	53
Friends.—Amistades	54
Busy.—Ocupado	55
Waiting.—Esperando	56
Offering help.—Para ofrecer ayuda	58
What's your name?.—¿Cómo se llama usted?	59
Trying to speak English.—Al intentar hablar inglés	61
Hurry.—Prisa	64
Time.—Tiempo	67
Asking somebody not to do something.—Para pedir a alguien que no haga algo	69
Introducing somebody.—Al hacer una presentación	70
Late.—Tarde	71
Birthday.—Cumpleaños	73
Holidays.—Vacaciones	74
Inviting somebody.—Al invitar a alguien	75
Tourists.—Turistas	76
Showing the way.—Al mostrar el camino	76
Asking the way.—Para preguntar el camino	79
When you hear bad news.—Al oír una mala noticia	82
When you hear good news.—Al oír una buena noticia	83
Request.—Ruego	83

Páginas

What's the matter with you?.—¿Qué te pasa?	84
Accepting.—Al aceptar	85
Thinking what you are going to say.—Al pensar lo que se va a decir	86
Giving advice.—Para aconsejar	87
How did you like it?—¿Qué te pareció?	87
Trying to remember.—Al tratar de recordar	88
Speaking about the weather.—Para hablar del tiempo	89
Appearance.—Aspecto físico	93
At the restaurant.—En el restaurante	93
The telephone.—El teléfono	94
At the hotel.—En el hotel	94
Catching a train.—Al tomar un tren	95
The theatre.—El teatro	96
Preferences.—Preferencias	96
Shopping.—De compras	97
General questions.—Preguntas generales	98
Sensations.—Sensaciones	101
Expressions.—Expresiones	102

INTRODUCCION

Este libro contiene una colección de frases seleccionadas entre las que se usan en la conversación normal. Estas expresiones han sido agrupadas según las situaciones en que corrientemente se emplean. Como quiera que es conveniente familiarizarse con el contenido del libro, de forma que sea posible saber dónde encontrar una sección dada cuando se necesite, recomendamos consulten antes el índice, donde se indican con detalle las diferentes situaciones. Por otra parte, aconsejamos aprender de memoria las frases de este libro, con la intención de que puedan usarse en las situaciones apropiadas.

El sistema de pronunciación, así como los signos fonéticos empleados, son los recomendados por la Asociación Fonética Internacional, y dado que el español y el inglés no se hablan del mismo modo en todas las regiones, hemos elegido la pronunciación más corriente en ambos idiomas.

Es sumamente importante estudiar con atención la parte dedicada a la pronunciación y familiarizarse con los signos fonéticos y los sonidos que los representan. Después conviene practicar largamente la pronunciación, leyendo en voz alta y tomando como base la transcripción fonética: léase despacio y con precisión, concentrándose en pronunciar perfectamente cada sonido para, después, tomar seguridad y fluidez, aumentando poco a poco la velocidad de dicción.

INTRODUCTION

This book contains a selected collection of sentences used in everyday conversation. These sentences have been grouped according to the situations in which they are typically used. The Table of Contents lists the situations covered. Try to become familiar with the contents of the phrase book so that you will know where to find a given section when you need it. The student is advised to learn by heart the sentences contained in this book so that he can use them in appropriate situations.

The type of pronunciation recorded is that of the International Phonetic Association. Since Spanish and English are not spoken in exactly the same way in all regions where they are spoken, we have chosen the most widespread pronunciation of both languages.

Study carefully the section on Pronunciation and make yourself familiar with the phonetic symbols and the sounds they represent. Then practise the pronunciation by reading out aloud from the phonetic script. At first read slowly and very carefully concentrating on getting each sound perfect, and then, as you become more sure of yourself and fluent, speed up the pace.

> Para la representación fonética de la parte inglesa se ha empleado el sistema alfabético usado por el Profesor Daniel Jones.

PRONUNCIACION

EQUIVALENCIAS DE LOS SIMBOLOS FONETICOS INGLESES

Símbolo fonético	Palabra inglesa	

VOCALES

i:	**eat**	una *i* muy larga.
i	**it**	una *i* muy corta. La lengua toma una posición retrasada.
e	**pen**	como en «perro».
æ	**back**	la separación entre los dientes y el arco de la lengua están en un punto entre *e* y *a*. Boca bien abierta.
ɑ:	**car**	una *a* muy larga, con la boca bien abierta.
ɔ	**hot**	una *o*, con la boca bien abierta.
ɔ:	**four**	una *o*, muy larga.
u	**book**	como en «humo».
u:	**two**	una *u* muy larga.
ʌ	**but**	una *a* muy rápida.
ə:	**bird**	una *e* con la lengua hacia atrás.
ə	**a**	igual que la anterior (ə:), pero muy corta.

DIPTONGOS

ei	**make**	como en «peine». Dientes poco separados[1].

[1] El segundo elemento es la vocal (i) como en *it*.

ou	**go**	una *o* con labios redondeados, seguida de la *u* de «humo»[2].
ai	**eye**	como en «hay»[1].
au	**cow**	como en «causa»[2].
ɔi	**boy**	como en «voy»[1].
iə	**here**	vocales (i) y (ə) = iə.
ɛə	**hair**	vocales (ɛ) y (ə) = ɛə. (La vocal (ɛ) es una *e* pronunciada con la boca bien abierta.)
uə	**poor**	vocales (u) y (ə) = uə.

CONSONANTES

p	**pipe**	una *p*, expulsando al mismo tiempo un poco de aire.
b	**boy**	*b* como en «ambos», no como en «cubo».
t	**toy**	una *t*, emitiendo al tiempo un poco de aire.
d	**day**	*d* como en «conde», no como en «codo».
k	**key**	una *k*, dejando salir un poco de aire.
g	**go**	*g* como en «manga», no como en «mago».
f	**fine**	como en «fino».
v	**very**	poniendo los dientes superiores en contacto con el labio inferior.
θ	**think**	como en «zapato».
ð	**other**	como en «codo».
s	**see**	como en «hasta», no como en «sol». Póngase la lengua estrechando el paso del aire.
z	**please**	como en «mismo», no como en «hasta».
ʃ	**shoe**	una *s* dicha con los labios abocinados.
3	**pleasure**	sonido (ʃ), haciendo vibrar las cuerdas vocales.

[1] El segundo elemento es la vocal (i) como en *it*.
[2] El segundo elemento es la vocal (u) como en *book*.

tʃ	**church**	como en «chico».
dʒ	**just**	como en «con yeso».
m	**man**	como en «mano».
n	**no**	como en «no».
ŋ	**thing**	como en «manga».
r	**room**	una *r*, proyectando la lengua hacia el paladar.
h	**house**	es el sonido que produce el aire al salir rozando la garganta. (Como cuando se limpia un cristal.) No es una *j*.
l	**let**	como en «ley».
w	**well**	*u* como en «huevo».
j	**yes**	*i* como en «hielo».

Dos puntos detrás de una vocal (:) indican que ésta es larga. El signo (′) delante de una sílaba indica que ésta es acentuada.

PRONUNCIATION

VALUES OF THE SPANISH PHONETIC SYMBOLS

Phonetic symbol	*Spanish word*	

VOWELS

i	**sí**	as in *see*, but shorter.
e	**éste**	as in *pen*.
a	**casa**	as in *car*, but shorter.
o	**nota**	as in *not*.
u	**uno**	as in *food*, but shorter.

DIPHTHONGS

ai	**aire**	as in *eye*.
au	**causa**	as in *cow*.

ei	**reina**	as in *rain*.
eu	**Europa**	the Spanish vowels (*e*) and (*u*) together.
oi	**hoy**	as in *boy*.
ja	**ya**	as in *yard*.
je	**hielo**	as in *yes*.
jo	**yo**	as in *yacht*.
ju	**ciudad**	as in *you*.
wa	**lengua**	as in *won*.
we	**hueso**	as in *well*.
wi	**ruido**	as in *we*.
wo	**averiguo**	as in *want*.

CONSONANTS

p	**pena**	as in *Spain*.
b	**ambos**	as in *boy*.
t	**tú**	as in *stay*.
d	**anda**	as in *day*.
k	**casa**	as in *sky*.
g	**manga**	as in *go*.
m	**mano**	as in *man*.
n	**no**	as in *no*.
ŋ	**cinco**	as in *thing*.
ɲ	**año**	as in *can you*, said quickly.
l	**ley**	as in *let*.
ʎ	**llave**	as in *tell you*, said quickly.
f	**feo**	as in *fine*.
θ	**zapato**	as in *think*.
s	**hasta**	as in *sea*.
β	**cubo**	a *b* without fully closing the lips.
ð	**lado**	as in *other*.
ɣ	**lago**	a *g* without fully closing the passage between the back of the tongue and the back part of the palate.
tʃ	**chopo**	as in *church*.
r	**oro**	as in *very*.
r̄	**roto**	a rolled *r*.
x	**ojo**	as in *loch* in Scottish.

Nota: La palabra usted aparece unas veces transcrita usˊte y otras usˊteð. Esto se debe a que se oyen las dos formas.

GREETINGS   SALUDOS

Good morning
gud ˈmɔ:niŋ

Buenos días
ˈbwenos ˈðias

Good afternoon[1]
gud ˈɑ:ftəˈnu:n

Buenas tardes
ˈbwenas ˈtaɾðes

Good evening[2]
gud ˈi:vniŋ

Buenas tardes
ˈbwenas ˈtaɾðes

Good night[3]
gud ˈnait

Buenas noches
ˈbwenas ˈnotʃes

How d'you do?[4]
ˈhau dju ˈdu:?

Tanto gusto
ˈtanto ˈɣusto

How are you?
ˈhau ˈɑ: ju?

¿Cómo está usted?
¿ˈkomo esˈta usˈteð?[5]

Hullo
hʌˈlou

Hola
ˈola

Hullo[6]
hʌˈlou

Adiós
aˈðjos

---

[1] Hasta las seis aproximadamente.
[2] Después de las seis aproximadamente.
[3] Solamente al despedirse; al encontrarse por la noche se usa «Good evening».
[4] Al ser presentadas dos personas, las dos dicen «How d'you do?».
[5] El sonido ð en la palabra «usteð» se omite con cierta frecuencia.
[6] Al cruzarse dos personas en la calle no se dice «Good-bye»; se usa «Hullo» o «Good morning», etc., según la hora del día. «Good-bye» se emplea solamente al despedirse.

THANKING SOMEBODY

Thank you
'θæŋk ju

Thanks
θæŋks

Thank you very much
'θæŋk ju 'veri 'mʌtʃ

Thanks awfully
'θæŋks 'ɔ:fəli

Thank you very much indeed
'θæŋk ju 'veri 'mʌtʃ in'di:d

I'm most grateful to you
aim moust 'greitfəl tu ju

That's very kind of you
'ðæts veri 'kaind əv ju

I owe it all to you
ai 'ou it 'ɔ:l tə ju

How kind of you!
'hau 'kaind əv ju!

POLITENESS

Excuse me[1]
iks'kju:z mi

I'm sorry to trouble you
aim 'sɔri tə 'trʌbl ju

PARA DAR LAS GRACIAS

Gracias
'graθias

Gracias
'graθias

Muchas gracias
'mutʃas 'graθias

Muchísimas gracias
mu'tʃisimas 'graθias

Muchísimas gracias
mu'tʃisimas 'graθias

Muy agradecido
mwi agraðe'θiðo

Muy amable de su parte
mwi a'maβle ðe su 'parte

Todo se lo debo a usted
'toðo se lo 'ðeβo a us'teð

¡Qué amable es usted!
¡ke a'mable es us'teð!

CORTESIA

Con permiso
kom per'miso

Siento molestarle
'sjento moles'tarle

---

[1] Al ir a ocasionar una molestia.

I don't want to trouble you
ai ˈdount ˈwɔnt tə ˈtrʌbl ju

No quiero molestarle
no ˈkjero molesˈtarle

Don't trouble
ˈdount ˈtrʌbl

No se moleste
no se moˈleste

Allow me
əˈlau mi

Permítame
perˈmitame

May I come in?[1]
mei ai ˈkʌm ˈin?

¿Se puede?
¿se ˈpweðe?

With pleasure
wið ˈpleʒə

Con mucho gusto
kom ˈmutʃo ˈɣusto

Not at all
ˈnɔt ət ˈɔ:l

De nada
de ˈnaða

Don't mention it
ˈdount ˈmenʃən it

No hay de qué
no ˈai ðe ˈke

You're welcome[2]
juə ˈwelkəm

No hay de qué
no ˈai ðe ˈke

It's no trouble at all
its ˈnou ˈtrʌbl ət ˈɔ:l

No es ninguna molestia
no es ninˈguna moˈlestia

That's very kind of you
ˈðæts veri ˈkaind əv ju

Es usted muy amable
es usˈte mwi aˈmaβle

I'm sorry![3]
aim ˈsɔri!

¡Lo siento!
¡lo ˈsjento!

Sorry!
ˈsɔri!

¡Lo siento!
¡lo ˈsjento!

---

[1] Al entrar en una habitación.
[2] Americano.
[3] Esta frase y las dos que siguen se emplean después de haber causado una molestia.

I'm so sorry!
aim ˈsou ˈsɔri!

¡Cuánto lo siento!
¡ˈkwanto lo ˈsjento!

I beg your pardon[1]
ai ˈbeg jɔ: ˈpɑ:dən!

Le pido perdón
le ˈpiðo peɾˈðon

Pardon me![2]
ˈpɑ:dən mi!

¡Perdón!
¡peɾˈðon!

I must apologize
ai məst əˈpɔlədʒaiz

Debo pedir perdón
ˈdeβo peˈðiɾ peɾˈðon

Will you excuse me?
will ju iksˈkju:z mi?

¿Me permite?
¿me peɾˈmite?

It's a pleasure
its ə ˈpleʒə

Es un placer
es un plaˈθeɾ

Yes, please[3]
ˈjes, ˈpli:z

Sí, gracias
ˈsi, ˈɣɾaθias

No, thank you[4]
ˈnou, ˈθæŋk ju

No, gracias
ˈno, ˈɣɾaθias

Please
pli:z

Por favor
poɾ faˈβoɾ

If you please
if ju ˈpli:z

Si hace el favor
si ˈaθe el faˈβoɾ

After you
ˈɑ:ftə ˈju:

Usted primero
usˈte pɾiˈmero

---

[1] Con tono descendente: «I beg you pardon (↘)» quiere decir: «Perdóneme por la molestia». Con tono ascendente: «I beg your pardon (↗)» significa: «¿Quiere hacer el favor de repetir lo que ha dicho?; por favor, no le he entendido.»

[2] Al corregir a otra persona.

[3] Al aceptar algo que se ofrece.

[4] Al rehusar algo que se ofrece.

TAKING LEAVE / AL DESPEDIRSE

Good-bye
'gud 'bai

Adiós
a'ðjos

Bye-bye[1]
'bai 'bai

Adiós
a'ðjos

So long
'sou 'lɔŋ

Has luego
asta 'lweɣo

Till later
til 'leitə

Hasta más tarde
asta mas 'tarðe

See your later
'si: ju 'leitə

Te veré luego
te βe're 'lweɣo

I'll be seeing you
ail bi 'si:iŋ ju

Hasta otro rato
asta 'otro 'rato

I'll see you tomorrow
ail 'si: ju tə'mɔrou

Hasta mañana
asta ma'ɲana

Till tomorrow
til tə'mɔrou

Hasta mañana
asta ma'ɲana

Till the day after tomorrow
til ðə 'dei a:ftə tə'mɔrou

Hasta pasado mañana
asta pa'saðo ma'ɲana

Until the day after tomorrow
ʌn'til ðə 'dei ɑ:ftə tə'mɔrou

Hasta pasado mañana
asta pa'saðo ma'ɲana

I'll see you on Monday
ail 'si: ju ɔn 'mʌndi

Hasta el lunes
asta el 'lunes

Till next Monday
til 'nekst 'mʌndi

Hasta el lunes
asta el 'lunes

[1] Forma familiar.

Good night
gud ˈnait

I'm afraid it's too late
aim əˈfreid its ˈtu: ˈleit

I'm afraid I really must go
aim əˈfreid ai ˈriəli ˈmʌst ˈgou

I must be going now
ai məst bi ˈgouiŋ ˈnau

Say good-bye to Mr. Brown for me
ˈsei gud ˈbai tə mistə ˈbraun fə mi

Must you go so soon?
ˈmʌst ju ˈgou ˈsou ˈsu:n?

Don't go yet
ˈdount ˈgou ˈjet

Don't be long
ˈdount ˈbi: ˈlɔŋ

Don't be too long
ˈdount ˈbi: ˈtu: ˈlɔŋ

WHEN YOU LIKE SOMETHING

It's nice
its ˈnais

Buenas noches
ˈbwenas ˈnotʃes

Temo que sea demasiado tarde
ˈtemo ke sea ðemaˈsjaðo ˈtar̄ðe

Temo que no tenga más remedio que marcharme
ˈtemo ke no ˈteŋga mas r̄eˈmeðio ke mar̄ˈtʃar̄me

Tengo que irme ya
ˈteŋgo ke ˈir̄me ˈja

Despida al señor Brown en mi nombre
desˈpiða al seˈɲor̄ ˈbraun en mi ˈnombr̄e

¿Debe usted marcharse tan pronto?
¿ˈdeβe uste mar̄ˈtʃar̄se tam ˈpr̄onto?

No se marche aún
no se ˈmar̄tʃe aˈun

No tardes
no ˈtar̄ðes

No tardes demasiado
no ˈtar̄ðes ðemaˈsjaðo

CUANDO ALGO GUSTA

Es bonito
es βoˈnito

It's wonderful | ***Es maravilloso***
its ˈwʌndəfəl | es maraβiˈʎoso

It's beautiful | ***Es hermoso***
its ˈbju:tifəl | es eīˈmoso

It's fine | ***Es magnífico***
its ˈfain | es magˈnifiko

How nice! | ***¡Qué bonito!***
ˈhau ˈnais! | ¡ˈke βoˈnito!

How wonderful! | ***¡Qué maravilloso!***
ˈhau ˈwʌndəfəl! | ¡ˈke maraβiˈʎoso!

How beautiful! | ***¡Qué hermoso!***
ˈhau ˈbju:tifəl! | ¡ˈke eīˈmoso!

How fine! | ***¡Qué magnífico!***
ˈhau ˈfain! | ¡ˈke magˈnifiko!

How pretty! | ***¡Qué mono!***
ˈhau ˈpriti! | ¡ˈke ˈmono!

How lovely! | ***¡Qué encantador!***
ˈhau ˈlʌvli! | ¡ˈke eŋkantaˈðoī!

What a beautiful thing! | ***¡Qué cosa tan hermosa!***
ˈwɔt ə ˈbju:tifəl ˈθiŋ! | ¡ˈke ˈkosa tan eīˈmosa!

I like it | ***Me gusta***
ai ˈlaik it | me ˈɣusta

I do like it | ***Pues claro que me gusta***
ai ˈdu: ˈlaik it | pwes ˈklaro ke me ˈɣusta

Of course I like it | ***Desde luego que me gusta***
əv ˈkɔ:s ai ˈlaik it | desðe ˈlweɣo ke me ˈɣusta

That sounds very nice | ***Me parece estupendo***
ðæt ˈsaundz ˈveri ˈnais | me pareˈθe estuˈpendo

11

It seems all right
it ˈsiːmz ɔːl ˈrait

Me parece bien
me paˈreθe ˈβjen

It's worth seeing
its ˈwəːθ ˈsiːiŋ

Merece la pena verlo
meˈreθe la ˈpena ˈβērlo

It's simply wonderful
its ˈsimpli ˈwʌndəfəl

Es sencillamente maravilloso
es senˈθiʎamente maraβiˈʎoso

Nice, isn't it?
ˈnais, ˈizənt it?

¿No es bonito?
¿no es βoˈnito?

I don't dislike it
ai ˈdount disˈlaik it

No me desagrada
no me ðesaˈɣrāða

That's just what I like
ˈðæts ˈdʒʌst wɔt ai ˈlaik

Eso es precisamente lo que me gusta
ˈeso es pr̄eˈθisamente lo ke me ˈɣusta

That's an excellent idea
ˈðæts ən ˈeksələnt aiˈdiə

Es una idea estupenda
es una iˈðea estuˈpenda

WHEN YOU DISLIKE SOMETHING

CUANDO ALGO NO GUSTA

I don't like it
ai ˈdount ˈlaik it

No me gusta
no me ˈɣusta

I don't like it at all
ai ˈdount ˈlaik it ət ˈɔːl

No me gusta de ninguna manera
no me ˈɣusta ðe niŋˈguna maˈnera

I dislike it
ai disˈlaik it

Me disgusta
me ðisˈɣusta

I hate it
ai ˈheit it

Lo odio
lo ˈoðio

It's very ugly
its ˈveri ˈʌgli

Es muy feo
es mwiˈfeo

What a nasty thing!
ˈwɔt ə ˈnɑːsti ˈθiŋ!

¡Qué cosa tan desagradable!
¡ke ˈkosa tan desaɣraˈðaβle!

How nasty!
ˈhau ˈnɑːsti!

¡Qué desagradable!
¡ˈke desaɣraˈðaβle!

How awful!
ˈhau ˈɔːfəl!

¡Qué horroroso!
¡ˈke or̄oˈroso!

How horrible!
ˈhau ˈhɔribl!

¡Qué horrible!
¡ˈke oˈr̄iβle!

How ugly!
ˈhau ˈʌgli!

¡Qué feo!
¡ˈke ˈfeo!

Horrible, isn't it?
ˈhɔribl, ˈiznt it?

¿No es horrible?
¿no es oˈr̄iβle?

I can't bear it
ai ˈkɑːnt ˈbɛər it

No lo puedo soportar
no lo ˈpweðo sopor̄ˈtar̄

I can't stand it
ai ˈkɑːnt ˈstænd it

No lo puedo resistir
no lo ˈpweðo r̄esisˈtir̄

It's unbearable
its ʌnˈbɛərəbl

Es insoportable
es insopor̄ˈtaβle

I'm fed up with it
aim ˈfed ˈʌp wið it

Estoy harto de ello
estoi ˈar̄to ðe ˈeʎo

How disgusting!
ˈhau disˈgʌstiŋ!

¡Qué asco!
¡ˈke ˈasko!

How boring!
ˈhau ˈbɔːriŋ!

¡Qué aburrido!
¡ˈke aβuˈr̄iðo!

I find it very boring
ai ˈfaind it ˈveri ˈbɔːriŋ

Lo encuentro muy aburrido
lo eŋˈkwentro mwi aβuˈr̄iðo

13

WHEN SOMETHING DOESN'T MATTER

CUANDO ALGO NO IMPORTA

I don't care
ai ˈdount ˈkɛə

No me importa
no me imˈpo̅rta

I don't mind
ai ˈdount ˈmaind

No me importa
no me imˈpo̅rta

I don't mind at all
ai ˈdount ˈmaind ət ˈɔ:l

Me tiene sin cuidado
me ˈtjene sin kwiˈðaðo

It doesn't matter
it ˈdʌzənt ˈmætə

No importa
no imˈpo̅rta

Never mind
ˈnevə ˈmaind

No importa
no imˈpo̅rta

It makes no difference
it ˈmeiks ˈnou ˈdifrəns

No veo la diferencia
no ˈβeo la ðifeˈrenθia

It doesn't matter much
it ˈdʌzənt ˈmætə ˈmʌtʃ

No tiene mucha importancia
no ˈtjene mutʃa impo̅rˈtanθia

It's the same to me
its ðə ˈseim tə mi

Me es lo mismo
me ˈes lo ˈmismo

It's all the same to me
its ˈɔ:l ðə ˈseim tə mi

Me da igual
me ˈða iˈɣwal

It's not worth bothering about
its ˈnɔt ˈwə:θ ˈbɔðəriŋ əbaut

No merece la pena molestarse
no meˈreθe la pena molesˈta̅rse

I'm not interested in it
aim ˈnɔt ˈintristid in it

No me interesa
no me inteˈresa

WHEN SOMETHING HAS BEEN LOST

Where is it?
ˈwɛər iz it?

Do you know where it is?
du ju ˈnou ˈwɛər it ˈiz?

I can't find it
ai ˈkɑ:nt ˈfaind it

I can't find it anywhere
ai ˈkɑ:nt ˈfaind it ˈeniwɛə

Where can I have put it?
ˈwɛə kən ai həv ˈput it?

I've lost it
aiv ˈlɔst it

I must have lost it
ai mʌst əv ˈlɔst it

I think I've lost it
ai ˈθiŋk aiv ˈlɔst it

I'm afraid I've lost it
aim əˈfreid aiv ˈlɔst it

It can't be lost
it ˈkɑ:nt bi ˈlɔst

Have you seen it anywhere?
həv ju ˈsi:n it ˈeniwɛə?

CUANDO ALGO SE HA PERDIDO

¿Dónde está?
¿ˈdonde esˈta?

¿Sabes dónde está?
¿ˈsaβes ðonde esˈta?

No lo encuentro
no lo eŋˈkwentro

No lo encuentro por ningún sitio
no lo eŋˈkwentro por niŋˈgun ˈsitjo

¿Dónde puedo haberlo puesto?
¿ˈdonde ˈpweðo aˈβerlo ˈpwesto?

Se me ha perdido
se me a perˈðiðo

Debo de haberlo perdido
ˈdeβo ðe aˈβerlo perðiðo

Creo que lo he perdido
ˈkreo ke lo e perˈðiðo

Me temo que lo haya perdido
me ˈtemo ke lo aja perˈðiðo

No puede haberse perdido
no ˈpweðe aˈβerse perˈðiðo

¿Lo ha visto usted en algún sitio?
¿lo a ˈβisto uste en alˈɣun ˈsitjo?

I can't remember where I left it
ai ˈkɑːnt riˈmembə wɛər ai ˈleft it

Here it is!
ˈhiər it iz!

I've got it!
aiv ˈgɔt it!

I've found it!
aiv ˈfaund it!

ASKING FOR SOMETHING

Give it to me
ˈgiv it tə ˈmiː

Give it to me, please
ˈgiv it tə ˈmiː, ˈpliːz

Give it to me, will you?
ˈgiv it tə ˈmiː, ˈwill ju?

Will you give it to me, please?
will ju ˈgiv it tə ˈmiː, ˈpliːz?

Can you give it to me, please?
kən ju ˈgiv it tə ˈmiː, ˈpliːz?

Would you mind giving it to me?
wud ju ˈmaind ˈgiviŋ it tə ˈmiː?

No me acuerdo dónde lo dejé
no me aˈkweɾðo ðonde lo ðeˈxe

¡Aquí está!
¡aˈki esˈta!

¡Ya lo tengo!
¡ˈja lo ˈteŋgo!

¡Ya lo he encontrado!
¡ˈja lo e eŋkonˈtɾaðo!

PARA PEDIR ALGO

Démelo
ˈdemelo

Haga el favor de dármelo
ˈaya el faˈβoɾ ðe ˈðaɾmelo

Démelo, ¿quiere?
ˈdemelo, ¿ˈkjere?

¿Quiere dármelo, por favor?
¿ˈkjere ˈðaɾmelo, poɾ faˈβoɾ?

¿Puede dármelo, por favor?
¿ˈpweðe ˈðaɾmelo, poɾ faˈβoɾ?

¿Le importaría dármelo?
¿le impoɾtaˈria ˈðaɾmelo?

Could you give it to me, please?
kud ju ˈgiv it tə ˈmi:, ˈpli:z?

¿Podría dármelo, por favor?
¿poˈðria ˈdarmelo, por faˈβor?

Would you give it to me, please?
wud ju ˈgiv it tə ˈmi:, ˈpli:z?

¿Querría dármelo, por favor?
¿keˈria ˈðarmelo, por faˈβor?

May I have it, please?
mei ai ˈhæv it, ˈpli:z?

¿Querría dármelo por favor?
¿keˈria ˈðarmelo, por faˈβor?

DON'T WORRY ABOUT IT

NO SE PREOCUPE POR ESO

Never mind
ˈnevə ˈmaind

No importa
no imˈporta

It doesn't matter
it ˈdʌzənt ˈmætə

No importa
no imˈporta

It makes no difference
it ˈmeiks ˈnou ˈdifrəns

No hay diferencia
no ˈai difeˈrenθia

It isn't important
it ˈizənt imˈpɔ:tənt

No importante
no es imporˈtante

It doen't matter at all
it ˈdʌzənt ˈmætər ət ˈɔ:l

No importa nada absolutamente
no imˈporta naða aβsolutaˈmente

Don't worry
ˈdount ˈwʌri

No se preocupe
no se preoˈkupe

Don't bother
ˈdount ˈbɔðə

No se preocupe
no se preoˈkupe

Don't worry about it
ˈdount ˈwʌri əbaut it

No se preocupe por eso
no se preoˈkupe por ˈeso

Don't bother about it
ˈdount ˈbɔðər əbaut it

You needn't worry
ju ˈniːdənt ˈwʌri

There's no need to worry
ðɛəz ˈnou ˈniːd tu ˈwʌri

Stop worrying about it
ˈstɔp ˈwʌriiŋ əbaut it

I wouldn't worry about that if I were you
ai ˈwudənt ˈwʌri əbaut ˈðæt if ˈai wə ju

I can't see that it matters much
ai ˈkɑːnt ˈsiː ðət it ˈmætəz mʌtʃ

Don't think any more about it
dount ˈθiŋk ˈeni ˈmɔːr əbaut it

WHEN YOU DON'T BELIEVE SOMETHING

I don't believe it
ai ˈdount biˈliːv it

I can't believe it
ai ˈkɑːnt biˈliːv it

I can't believe my ears
ai ˈkɑːnt biˈliːv mai ˈiəz

No se preocupe por eso
no se p̄reoˈkupe por ˈeso

No tiene por qué preocuparse
no ˈtjene poī ˈke p̄reokuˈpaīse

No hay por qué preocuparse
no ˈai poī ˈke p̄reokuˈpaīse

Deja de preocuparte por eso
ˈdexa ðe p̄reokuˈpaīte por ˈeso

Si yo estuviera en su lugar, no me preocuparía por eso
si jo estuˈβiera en su luˈɣaī, no me p̄reokupaˈria por ˈeso

No veo que eso tenga tanta importancia
no ˈβeo ke ˈeso ˈteŋga tanta impoīˈtanθia

No pienses más en ello
no ˈpjenses mas en ˈeʎo

AL NO DAR CREDITO A ALGO

No lo creo
no lo ˈk̄reo

No puedo creerlo
no ˈpweðo k̄reˈr̄lo

No puedo creer lo que oigo
no ˈpweðo k̄reˈeī lo ke ˈoiɣo

I don't believe a word of it
ai ˈdount biˈli:v ə ˈwə:d əv it

No creo ni una palabra de eso
no ˈkr̄eo ni una paˈlaβr̄a ðe ˈeso

Nobody can believe it
ˈnoubədi kən biˈli:v it

Nadie lo puede creer
ˈnaðie lo ˈpweðe kr̄eˈer̄

I can't believe it's true
ai ˈkɑ:nt biˈli:v its ˈtru:

No puedo creer que sea verdad
no ˈpweðo kr̄eˈer̄ ke sea βer̄ˈðað

It's hard to believe
its ˈhɑ:d tə biˈli:v

Es difícil de creer
es ðiˈfiθil de kr̄eˈer̄

Believe it or not
biˈli:v it ɔ: ˈnɔt

Si lo crees como si no
si lo ˈkr̄es komo si ˈno

It's not true
its ˈnɔt ˈtru:

No es verdad
no es βer̄ˈðað

It can't be true
it ˈkɑ:nt bi ˈtru:

No puede ser verdad
no ˈpweðe ˈser̄ βer̄ˈðað

I doubt it
ai ˈdaut it

Lo dudo
lo ˈðuðo

I rather doubt it
ai ˈrɑ:ðə ˈdaut it

Estoy por dudarlo
estoi por̄ ðuˈðar̄lo

It's incredible!
its iŋˈkredibl!

¡Es increíble!
¡es iŋkr̄eˈiβle!

It's almost incredible!
its ˈɔ:lmoust iŋˈkredibl!

¡Es casi increíble!
¡es ˈkasi iŋkr̄eˈiβle!

WHEN YOU HAVE UNDERSTOOD

CUANDO SE HA COMPRENDIDO

I understand
ai ʌndəs'tænd

Comprendo
kom'p̄rendo

I quite understand
ai 'kwait ʌndəs'tænd

Entiendo perfectamente
en'tjendo per̄'fegtamente

I see!
ai 'si:!

¡Ah, ya!
¡'a:, 'ja!

Right!
rait!

¡Entendido!
¡enten'diðo!

I know what you mean
ai 'nou wɔt ju 'mi:n

Ya sé lo que quiere usted decir
ja 'se lo ke 'kjere uste ðe'θir̄

Yes, I know
'jes, ai 'nou

Sí, ya sé
'si, ja 'se

Yes, I see
'jes, ai 'si:

Sí, ya sé
'si, ja 'se

It's quite clear
its 'kwait 'kliə

Está claro
es'ta 'klaro

WHEN YOU CAN'T FIND THE RIGHT WORD

AL NO ENCONTRAR LA PALABRA EXACTA

Do you understand?
du ju ʌndəs'tænd?

¿Entiende?
¿en'tjende?

Do you know what I mean?
du ju 'nou wɔt ai 'mi:n?

¿Sabe usted lo que quiero decir?
¿'saβe uste lo ke 'kjero ðe'θir̄?

I can't think of the right word
ai 'kɑ:nt 'θiŋk əv ðə 'rait 'wə:d

No se me ocurre la palabra exacta
no se me o'kuɾe la pa'laβɾa e'sagta

I think you understand what I mean
ai 'θiŋk ju ʌndəs'tænd wɔt ai 'mi:n

Creo que usted entiende lo que quiero decir
'kɾeo ke uste en'tjende lo ke 'kjero ðe'θiɾ

The thing is that...
ðə 'θiŋ iz ðət...

La cuestión es que
la kwes'tjon es ke...

...or whatever you call it
...ɔ: wɔt'evə ju 'kɔ:l it

...o como se llame
...o komo se 'ʎame

...or something like that
...ɔ: 'sʌmθiŋ laik 'ðæt

...o algo por el estilo
...o 'alɣo por el es'tilo

MEETING A FRIEND

AL ENCONTRAR A UN AMIGO

It's so nice to see you again!
its sou 'nais tə 'si: ju ə'gein!

¡Qué agradable volverte a ver!
¡'ke aɣɾaðaβle βol'βeɾte a 'βeɾ!

I haven't seen you for such a long time!
ai 'hævənt 'si:n ju fə sʌtʃ ə 'lɔŋ 'taim!

¡Hace tanto tiempo que no te veo!
¡'aθe tanto 'tjempo ke no te 'βeo!

I haven't seen you for years
ai 'hævənt 'si:n ju fə 'jiəz

Hace años que no te veo
'aθe 'aɲos ke no te 'βeo

How are you getting on?
'hau ə ju 'getiŋ 'ɔn?

¿Cómo te va?
¿'komo te 'βa?

How's life treating you?
'hauz 'laif 'tri:tiŋ ju?

¿Cómo te va la vida?
¿'komo te 'βa la 'βiða?

How's things?
'hauz 'θiŋz?

¿*Cómo van las cosas?*
¿'komo 'βan las 'kosas?

What are you doing now?
'wɔt ə ju 'du:iŋ 'nau?

¿*A qué te dedicas ahora?*
¿a 'ke te ðe'ðikas a'ora?

ASKING FOR PERMISSION

PARA PEDIR PERMISO

May I do it?
mei ai 'du: it?

¿*Puedo hacerlo?*
¿'pweðo a'θerlo?

Could I do it?
kud ai 'du: it?

¿*Podría hacerlo?*
¿po'ðria a'θerlo?

Would you allow me to do it?
wud ju ə'lau mi tə 'du: it?

¿*Me permitiría usted hacerlo?*
¿me permiti'ria us'te a'θerlo?

Would you let me do it?
wud ju 'let mi 'du: it?

¿*Me permitiría usted hacerlo?*
¿me permiti'ria us'te a'θerlo?

Would you mind if I did it?
wud ju 'maind if ai 'did it?

¿*Le importaría que yo lo hiciera?*
¿le importa'ria ke jo lo i'θjera?

Do you mind my doing it?
du ju 'maind mai 'du:iŋ it?

¿*Le importa que lo haga?*
¿le im'porta ke lo 'aɣa?

May I ask a question?
mei ai 'ɑ:sk ə 'kwestʃən?

¿*Puedo hacer una pregunta?*
¿'pweðo a'θer una pre'ɣunta?

May I come in?
mei ai 'kʌm 'in?

¿*Se puede?*
¿se 'pweðe?

May I borrow it?
mei ai 'bɔrou it?

¿*Me lo prestas?*
¿me lo 'prestas?

GIVING PERMISSION

Yes, do it!
ˈjes, ˈduː it!

You may do it if you like
juː mei ˈduː it if juː ˈlaik

I don't mind your doing it
ai ˈdount ˈmaind jɔː ˈduːiŋ it

Do it, by all means
ˈduː it, bai ˈɔːl ˈmiːnz

Of course you can do it
əv ˈkɔːs juː kən ˈduː it

I've no objection
aiv ˈnou əbˈdʒekʃən

BEGINNING A CONVERSATION

I want to speak to you
ai ˈwɔnt tə ˈspiːk tə juː

I'd like to speak to you
aid ˈlaik tə ˈspiːk tə juː

I want to ask you something
ai ˈwɔnt tu ˈɑːsk juː ˈsʌmθiŋ

There's something I'd like to ask you
ðɛəz ˈsʌmθiŋ aid ˈlaik tu ˈɑːsk juː

PARA DAR PERMISO

¡Sí, hágalo!
¡ˈsi, ˈaɣalo!

Puede usted hacerlo si quiere
ˈpweðe usteˈ aˈθeɾlo si ˈkjere

No me molesta que lo haga
no me moˈlesta ke lo ˈaɣa

Hágalo, sin ninguna duda
ˈaɣalo, sin ninˈguna ˈðuða

Desde luego que puede hacerlo
desðe ˈlweɣo ke ˈpweðe aˈθeɾlo

No tengo nada que oponer
no ˈteŋgo ˈnaða ke opoˈneɾ

PARA INICIAR UNA CONVERSACION

Quiero hablar con usted
ˈkjero aˈβlaɾ kon usˈteð

Quisiera hablar con usted
kiˈsjera aˈβlaɾ kon usˈteð

Quiero preguntarle una cosa
ˈkjero pɾeɣunˈtaɾle una ˈkosa

Hay algo que me gustaría preguntarle
ˈai ˈalɣo ke me ɣustaˈria pɾeɣunˈtaɾle

Are you very busy?
ə ju ˈveri ˈbizi?

¿Está usted muy ocupado?
¿esˈta uste mwi okuˈpaðo?

I've got something to tell you
aiv ˈgɔt ˈsʌmθiŋ tə ˈtel ju

Tengo algo que decirle
ˈteŋgo ˈalɣo ke ðeˈθir̄le

May I have a word with you?
mei ai ˈhæv ə ˈwəːd wið ju?

¿Puedo hablar con usted?
¿ˈpweðo aˈβlar̄ kon usˈteð?

Could I speak to you for a few minutes?
kud ai ˈspiːk tə ju fər ə ˈfjuː ˈminits?

¿Podría hablar con usted unos minutos?
¿poˈðr̄ia aˈβlar̄ kon usˈte unos miˈnutos?

May I interrupt you for a few minutes?
mei ai intəˈrʌpt ju fər ə ˈfjuː ˈminits?

¿Puedo interrumpirle unos minutos?
¿ˈpweðo inter̄umˈpir̄le unos miˈnutos?

I should like to speak to you
ai ʃəd ˈlaik tə ˈspiːk tə ju

Quisiera hablar con usted
kiˈsjera aˈβlar̄ kon usˈteð

I should like to talk to you about a very important matter
ai ʃəd ˈlaik tə ˈtɔːk tə ju əbaut ə ˈveri imˈpɔːtənt ˈmætə

Quisiera hablar con usted de un asunto muy importante
kiˈsjera aˈβlar̄ kon usˈte ðe un aˈsunto mwi impor̄ˈtante

I shan't keep you long
ai ˈʃɑːnt ˈkiːp ju ˈlɔŋ

No lo entretendré mucho tiempo
no le entr̄etenˈdr̄e ˈmutʃo ˈtjempo

It won't take long
it ˈwount teik ˈlɔŋ

No llevará mucho tiempo
no ʎeβaˈra ˈmutʃo ˈtjempo

I won't be long
ai ˈwount bi ˈlɔŋ

No tardaré mucho
no tar̄ðaˈre ˈmutʃo

It's only for a few minutes
its ˈounli fər ə ˈfju: ˈminits

Solamente unos minutos
ˈsolamente unos miˈnutos

WHEN YOU HAVEN'T HEARD WHAT SOMEBODY HAS SAID

AL NO OIR LO QUE ALGUIEN HA DICHO

Pardon?[1]
ˈpɑ:dən?

Perdón, ¿cómo dice?
peɾðon, ¿ˈkomo ˈðiθe?

I beg your pardon[2]
ai ˈbeg jɔ: ˈpɑ:dən

Perdón, ¿cómo dice?
peɾˈðon, ¿ˈkomo ˈðiθe?

Say it again, please
ˈsei it əˈgein, ˈpli:z

Repítalo, por favor
r̄eˈpitalo, poɾ faˈβoɾ

What did you say?
ˈwɔt did ju ˈsei?

¿Cómo ha dicho?
¿ˈkomo a ˈðitʃo?

What was that?
ˈwɔt wəz ˈðæt?

¿Cómo ha dicho?
¿ˈkomo a ˈðitʃo?

What did you say it was called?
ˈwɔt did ju ˈsei it wəz ˈkɔ:ld?

¿Cómo ha dicho que se llamaba eso?
¿ˈkomo a ˈðitʃo ke se ʎaˈmaβa ˈeso?

I'm sorry I didn't catch your name
aim ˈsɔri ai ˈdidənt ˈkætʃ jɔ: ˈneim

¿Cómo ha dicho que se llamaba usted?
¿ˈkomo a ˈðitʃo ke se ʎaˈmaβa usˈteð?

Would you mind saying it again?
wud ju ˈmaind ˈseiiŋ it əˈgein?

¿Le importaría repetirlo?
¿le impoɾtaˈria r̄epeˈtiɾlo?

---

[1] [2] Empléese entonación ascendente.

Sorry, I didn't catch the last word
ˈsɔri, ai ˈdidənt ˈkætʃ ðə ˈlɑ:st ˈwə:d

Perdón, no entendí la última palabra
peˉrˈðon, no entenˈdi la ˈultima paˈlaβˉra

Sorry, I didn't understand what you said
ˈsɔri, ai ˈdidənt ʌndəsˈtænd wɔt ju ˈsed

Perdón, no entendí lo que dijo
peˉrˈðon, no entenˈdi lo ke ˈðixo

I didn't get it
ai ˈdidənt ˈget it

No le he oído bien
no le e oˈiðo ˈβjen

I didn't catch it
ai ˈdidənt ˈkætʃ it

No le he oído bien
no le e oˈiðo ˈβjen

HE IS A VERY PLEASANT MAN

ES UNA PERSONA MUY AGRADABLE

He's a very pleasant man
hi:z ə ˈveri ˈplezənt ˈmæn

Es un hombre muy agradable
es un ˈomβˉre mwi ayˉraˈðaβle

He's very nice
hi:z ˈveri ˈnais

Es muy simpático
es mwi simˈpatiko

He's one of those nice people
hi:z ˈwʌn əv ˈðouz ˈnais ˈpi:pl

Es una de esas personas agradables
es ˈuna ðe esas peˉrˈsonas ayˉraˈðaβles

He's very kind
hi:z ˈveri ˈkaind

Es muy amable
es mwi aˈmaβle

He's a very interesting person
hi:z ə ˈveri ˈintristiŋ ˈpə:sən

Es una persona muy interesante
es una peˉrˈsona mwi intereˈsante

He's one of the nicest persons I know
hi:z ˈwʌn əv ðə ˈnaisist ˈpəːsnz ai ˈnou

He's very intelligent
hi:z ˈveri inˈtelidʒənt

He's very clever
hi:z ˈveri ˈklevə

He means well
hi ˈmiːnz ˈwel

I don't dislike him
ai ˈdount disˈlaik him

He's very amusing
hi:z ˈveri əˈmjuːziŋ

I CAN'T STAND HIM

I can't stand him
ai ˈkɑːnt ˈstænd him

I can't bear him
ai ˈkɑːnt ˈbɛə him

He's unbearable
hi:z ʌnˈbɛərəbl

He's a fool
hi:z ə ˈfuːl

He's foolish
hi:z ˈfuːliʃ

He's quite stupid
hi:z ˈkwait ˈstjuːpid

Es una de las personas más simpáticas que conozco
es ˈuna ðe las perˈsonas mas simˈpatikas ke koˈnoθko

Es muy inteligente
es mwi inteliˈxente

Es muy listo
es mwi ˈlisto

Tiene buenas intenciones
ˈtjene ˈβwenas intenˈθjones

No me desagrada
no me ðesaˈɣraða

Es muy gracioso
es mwi ɣraˈθjoso

NO LO PUEDO SOPORTAR

No lo puedo soportar
no lo ˈpweðo soporˈtar̄

No lo puedo aguantar
no lo ˈpweðo aɣwanˈtar̄

Es insoportable
es insoporˈtaβle

Es tonto
es ˈtonto

Es tonto
es ˈtonto

Es muy estúpido
es mwi esˈtupiðo

He puts me off
hi ˈputs mi ˈɔf

No me es simpático
no me es simˈpatiko

He's very rude
hiːz ˈveri ˈruːd

Es muy descortés
es mwi ðeskoȓˈtes

I detest him
ai diˈtest him

Le detesto
le ðeˈtesto

I hate him
ai ˈheit him

Le odio
le ˈoðio

I don't trust him
ai ˈdount ˈtrʌst him

No me fío de él
no me ˈfio ðe ˈel

He's always boasting
hiːz ˈɔːlwiz ˈboustiŋ

Siempre está hablando de sí mismo
ˈsjempȓe esta aˈβlando ðe ˈsi ˈmismo

He shows off
hi ˈʃouz ˈɔf

Es un vanidoso
es um baniˈðoso

I don't mind him
ai ˈdount ˈmaind him

Me es indiferente
me es indifeˈrente

He talks too much
hi ˈtɔːks ˈtuː ˈmʌtʃ

Habla demasiado
ˈaβla ðemaˈsjaðo

I'm fed up with him
aim ˈfed ˈʌp wið him

Estoy harto de él
estoi ˈaȓto ðe ˈel

I'm sick of him
aim ˈsik əv him

Estoy harto de él
estoi ˈaȓto ðe ˈel

He has a quick temper
hi hæz ə ˈkwik ˈtempə

En seguida se enfada
en seˈɣiða se emˈfaða

He has a bad temper
hi hæz ə ˈbæd ˈtempə

Tiene mal humor
ˈtjene mal uˈmoȓ

He's very dull
hi:z ˈveri ˈdʌl

He annoys me intensely
hi əˈnɔiz mi inˈtensli

You can't trust him
ju ˈkɑ:nt ˈtrʌst him

How can you bear him?
ˈhau kən ju ˈbɛə him?

Es muy aburrido
es mwi aβuˈr̄iðo

Me fastidia enormemente
me fasˈtiðia eˈnor̄memente

No se puede confiar en él
no se ˈpweðe komfiˈar en ˈel

¿Cómo le puedes soportar?
¿ˈkomo le ˈpweðes sopor̄ˈtar̄?

AN APPOINTMENT

UNA CITA

I shall be very pleased to see you
ai ʃəl bi ˈveri ˈpli:zd tə ˈsi: ju

Me alegraré mucho de verle
me aleɣr̄aˈre ˈmutʃo ðe ˈβer̄le

I'll call and see you if you like
ai ˈkɔ:l ən ˈsi: ju if ju ˈlaik

Iré a verle si quiere
iˈre a ˈβer̄le si ˈkjere

Let me know when you're free
ˈlet mi ˈnou wen ju ə ˈfri:

Dígame cuándo está usted libre
ˈdiɣame kwando esˈta uste ˈliβr̄e

I shall ring you up
ai ʃəl ˈriŋ ju ˈʌp

Le llamaré por teléfono
le ʎamaˈre por̄ teˈlefono

Ring me up at eleven
ˈriŋ mi ˈʌp ət iˈlevən

Telefonéeme a las once
telefoˈneeme a las ˈonθe

Give me a ring whenever you like
ˈgiv mi ə ˈriŋ wenˈevə ju ˈlaik

Telefonéeme a la hora que guste
telefoˈneeme a la ˈora ke ˈɣuste

Can you make it later in the evening?
kən ju ˈmeik it ˈleitər in ði ˈiːvniŋ?

Can you make it an hour earlier?
kən ju ˈmeik it ən ˈauə ˈəːliə?

Where shall we meet?
ˈwɛə ʃəl wi ˈmiːt?

Will six o'clock suit you?
wil ˈsiks əˈklɔk ˈsuːt ju?

I hope you haven't been waiting long
ai ˈhoup ju ˈhævənt bin ˈweitiŋ ˈlɔŋ

Are you free this afternoon?
ə ju ˈfriː ðis ˈɑːftəˈnuːn?

Are you free today?
ə ju ˈfriː təˈdei?

At what time shall I see you tomorrow?
ət ˈwɔt ˈtaim ʃəl ai ˈsiː ju təˈmɔrou?

¿Podrías arreglarlo para más tarde por la noche?
¿poˈðrias areˈɣlarlo para mas ˈtarðe por la ˈnotʃe?

¿Podrías arreglarlo para una hora antes?
¿poˈðrias areylarlo para una ˈora ˈantes?

¿Dónde nos encontramos?
¿ˈdonde nos eŋkonˈtramos?

¿Le conviene a las seis?
¿le komˈbjene a las ˈseis?

Espero que no haya esperado mucho
esˈpero ke no aja espeˈraðo ˈmutʃo

¿Está usted libre esta tarde?
¿esˈta uste ˈliβre esta ˈtarðe?

¿Está usted libre hoy?
esˈta uste ˈliβre ˈoi?

¿A qué hora le veré mañana?
¿a ˈke ˈora le βeˈre maˈɲana?

HEALTH

SALUD

You don't look very well; what's the matter?
ju ˈdount ˈluk veri ˈwel; ˈwɔts ðə ˈmætə?

No tienes buen aspecto; ¿qué te ocurre?
no ˈtjenes βwen asˈpegto; ¿ˈke te oˈkure?

I'm not feeling well
aim ˈnɔt ˈfiːliŋ ˈwel

No me siento bien
no me ˈsjento ˈβjen

You look ill
ju ˈluk ˈil

Parece que estás enfermo
paˈreθe ke esˈtas emˈfeřmo

I hope the doctor will put me right
ai ˈhoup ðə ˈdɔktə will ˈput mi ˈrait

Espero que el médico me ponga bien
esˈpero ke el ˈmeðiko me ˈpoŋga ˈβjen

Do you normally sleep well?
du ju ˈnɔːməli ˈsliːp ˈwel?

¿Duerme usted bien normalmente?
¿ˈdweřme uste ˈβjen nořmalˈmente?

I've always slept well till lately
aiv ˈɔːlwiz ˈslept ˈwel til ˈleitli

Siempre he dormido bien hasta hace poco tiempo
ˈsjempře e ðořˈmiðo ˈβjen asta aθe ˈpoko ˈtjempo

Aren't you feeling well?
ˈɑːnt ju ˈfiːliŋ ˈwel?

¿No se siente usted bien?
¿no se ˈsjente uste ˈβjen?

I've got a terrible headache
aiv ˈgɔt ə ˈteribl ˈhedeik

Tengo un terrible dolor de cabeza
ˈteŋgo un teˈřiβle ðoˈloř ðe kaˈβeθa

My head aches and I think I've got a temperature
mai ˈhed ˈeiks ənd ai ˈθiŋk aiv ˈgɔt ə ˈtemprətʃə

Me duele la cabeza y me parece que tengo fiebre
me ˈðwele la kaˈβeθa i me paˈreθe ke ˈteŋgo ˈfjeβře

I've caught a cold and my throat hurts a little
aiv ˈkɔːt ə ˈkould ən mai ˈθrout ˈhəːts ə ˈlitl

He cogido un resfriado y me duele un poco la garganta
e koˈxiðo un řesfřiˈaðo i me ˈðwele um poko la ɣařˈɣanta

I've had a cold and I've got a persistent cough
aiv hæd ə ˈkould ənd aiv ˈgɔt ə pəˈsistənt ˈkɔf

Does your throat still feel sore?
dəz jɔ: ˈθrout ˈstil ˈfi:l ˈsɔ:?

It's quite painful
its ˈkwait ˈpeinfəl

How are you feeling today?
ˈhau ə ju ˈfi:liŋ təˈdei?

I'm better, thank you
aim ˈbetə, ˈθæŋk ju

I'm feeling a bit better, thank you
aim ˈfi:liŋ ə ˈbit ˈbetə, ˈθæŋk ju

I'm so so
aim ˈsou ˈsou

I'm worse
aim ˈwə:s

I'm better
aim ˈbetə

I'm much better
aim ˈmʌtʃ ˈbetə

He tenido un resfriado y tengo una tos persistente
e teˈniðo un r̄esfr̄iˈaðo i ˈteŋgo una ˈtos per̄sisˈtente

¿Tienes la garganta aún mala?
¿ˈtjenes la ɣar̄ˈɣanta aun ˈmala?

Duele mucho
ˈdwele ˈmutʃo

¿Cómo se encuentra usted hoy?
¿ˈkomo se eŋˈkwentr̄a uste ˈoi?

Estoy mejor, gracias
esˈtoi meˈxor̄, ˈɣr̄aθias

Me encuentro un poco mejor, gracias
me eŋˈkwentr̄o un ˈpoko meˈxor̄, ˈɣr̄aθias

Estoy regular
esˈtoi r̄eɣuˈlar̄

Estoy peor
esˈtoi peˈor̄

Estoy mejor
esˈtoi meˈxor̄

Estoy mucho mejor
esˈtoi ˈmutʃo meˈxor̄

I hope you will soon be well again ai ˈhoup ju wil ˈsuːn bi ˈwel əgein	*Espero que pronto estará usted bien de nuevo* esˈpero ke ˈpronto estaˈra usteˈ βjen de ˈnweβo
Get better! ˈget ˈbetə!	*¡Que se mejore!* ¡ke se meˈxore!

APOLOGIZING / PARA DISCULPARSE

I'm sorry!
aim ˈsɔri!

¡Lo siento!
¡lo ˈsjento!

Sorry!
ˈsɔri!

¡Lo siento!
¡lo ˈsjento!

I'm very sorry!
aim ˈveri ˈsɔri!

¡Lo siento mucho!
¡lo ˈsjento ˈmutʃo!

I'm awfully sorry!
aim ˈɔːfəli ˈsɔri!

¡Lo siento mucho!
¡lo ˈsjento ˈmutʃo!

I'm so sorry!
aim ˈsou ˈsɔri!

¡Cuánto lo siento!
¡ˈkwanto lo ˈsjento!

I beg your pardon!
ai ˈbeg jɔː ˈpɑːdən!

¡Perdón!
¡perˈðon!

I do apologize!
ai ˈduː əˈpɔlədʒaiz!

¡Pido perdón!
¡ˈpiðo perˈðon!

I'm sorry but I couldn't help it
aim ˈsɔri bət ai ˈkudənt ˈhelp it

Lo siento, pero no pude evitarlo
lo ˈsjento, pero no ˈpuðe eβiˈtarlo

I must apologize
ai məst əˌpɔlədʒaiz

Debo pedir excusas
ˈdeβo peˈðir esˈkusas

I hope you will forgive me
ai ′houp ju will fə′giv mi

Espero que usted me perdonará
es′pero ke uste me peɾðona′ra

I really didn't mean that at all
ai ′riəli ′didənt ′mi:n ′ðæt ət ′ɔ:l

En realidad, no quise de ninguna manera decir eso
en ɾeali′ðað, no ′kise ðe niŋ′guna ma′nera ðe′θir ′eso

It was quite unintentional
iz wəz ′kwait ʌnin′tenʃənəl

Fue sin querer
′fwe sin ke′reɾ

I'm sorry I'm late
aim ′sɔri aim ′leit

Siento llegar tarde
′sjento ʎe′ɣaɾ ′taɾðe

I'm afraid I'm late
aim ə′freid aim ′leit

Me temo que me he retrasado
me ′temo ke me e ɾetɾa′sado

I couldn't catch my bus in time
ai ′kudənt ′kætʃ mai ′bʌs in ′taim

No pude coger el autobús a tiempo
no ′puðe ko′xer el auto′βus a ′tjempo

I'm sorry to have kept you waiting
aim ′sɔri tə həv ′kept ju ′weitiŋ

Siento haberle hecho esperar
′sjento a′βeɾle ′etʃo espe′raɾ

I hope I haven't kept you waiting long
ai ′houp ai ′hævənt ′kept ju ′weitiŋ ′lɔŋ

Espero no haberle hecho esperar mucho tiempo
es′pero no a′βeɾle ′etʃo espe′raɾ ′mutʃo ′tjempo

I couldn't get here before
ai ′kudənt ′get ′hiə bi′fɔ:

No pude llegar antes
no ′puðe ʎe′ɣar ′antes

I tried to get here before but I couldn't
ai ˈtraid tə get ˈhiə biˈfɔ: bət ai ˈkudənt

Traté de llegar antes, pero no pude
traˈte ðe ʎeˈɣar ˈantes, pero no ˈpuðe

GIVING AN OPINION

PARA DAR UNA OPINION

That sounds very sensible
ˈðæt ˈsaundz veri ˈsensibl

Me parece muy sensato
me paˈreθe mwi senˈsato

I think so
ai ˈθiŋk sou

Me parece que sí
me paˈreθe ke ˈsi

I don't think so
ai ˈdount ˈθiŋk sou

Me parece que no
me paˈreθe ke ˈno

I believe so
ai biˈli:v sou

Así lo creo
aˈsi lo ˈkr̄eo

I don't believe so
ai ˈdount biˈli:v sou

No lo creo así
no lo ˈkr̄eo aˈsi

I expect so
ai iksˈpekt sou

Así lo espero
aˈsi lo esˈpero

I don't expect so
ai ˈdount iksˈpekt sou

No lo espero así
no lo esˈpero aˈsi

I hope so
ai ˈhoup sou

Esa esperanza tengo
esa espeˈranθa ˈteŋgo

Good idea!
ˈgud aiˈdiə!

¡Buena idea!
¡ˈbwena iˈðea!

That's a grand idea!
ˈðæts ə ˈgrænd aiˈdiə!

¡Es una idea estupenda!
¡es una iˈðea estuˈpenda!

I think it would be wonderful
ai ˈθiŋk it wud bi ˈwʌndəfəl

Creo que sería magnífico
ˈkr̄eo ke seˈria magˈnifiko

35

I think you're right
ai 'θiŋk juə 'rait

I suppose so
ai sə'pouz sou

I don't suppose so
ai 'dount sə'pouz sou

I imagine so
ai i'mædʒin sou

I don't imagine so
ai 'dount i'mædʒin sou

I dare say it's all right
ai 'dɛəsei its 'ɔ:l 'rait

I doubt whether it'll be all right
ai 'daut weðə itl bi 'ɔ:l 'rait

Of course!
əv 'kɔ:s!

Of course not!
əv 'kɔ:s 'nɔt!

ASKING FOR AN OPINION

What d'you think of it?
'wɔt dju 'θiŋk əv it?

Don't you think so?
'dount ju 'θiŋk sou?

Creo que tiene usted razón
'kr̄eo ke 'tjene uste r̄a'θon

Así lo supongo
a'si lo su'poŋgo

No lo supongo así
no lo su'poŋgo a'si

Así lo imagino
a'si lo ima'xino

No lo imagino así
no lo ima'xino a'si

Me atrevería a decir que está bien
me atr̄eβe'ria a ðe'θir̄ ke es'ta 'βjen

Dudo si estará bien
'duðo si esta'ra 'βjen

¡Desde luego!
¡'desde 'lweɣo!

¡Desde luego que no!
¡'desde 'lweνo ke 'no!

PARA PEDIR UNA OPINION

¿Qué le parece a usted?
¿'ke le pa'r̄eθe a us'teð?

¿No lo cree usted así?
¿no lo kr̄ee us'teð a'si?

Don't you think it's a good idea?
ˈdount ju ˈθiŋk its ə ˈgud aiˈdiə?

¿No cree usted que es una buena idea?
¿no kr̄ee usˈte ke es una ˈβwena iˈðea?

What's your opinion?
ˈwɔts jɔ:r əˈpiniən?

¿Cuál es su opinión?
¿ˈkwal es su opiˈnjon?

Do you think that's right?
du ju ˈθiŋk ðæts ˈrait?

¿Cree usted que está bien?
¿ˈkr̄ee usˈte ke esˈta ˈβjen?

Do you agree with what I've said?
du ju əˈgri: wið wɔt aiv ˈsed?

¿Esta usted de acuerdo con lo que he dicho?
¿esˈta uste ðe aˈkwer̄ðo kon lo ke e ditʃo?

AVOIDING GIVING AN OPINION

PARA EVITAR DAR UNA OPINION

Not bad
ˈnɔt ˈbæd

No está mal
no esˈta ˈmal

I couldn't say
ai ˈkudənt ˈsei

No podría decir
no poˈðria ðeˈθir̄

I suppose so
ai səˈpouz sou

Supongo que sí
suˈpoŋgo ke ˈsi

I expect so
ai iksˈpekt sou

Espero que sí
esˈpero ke ˈsi

I'm afraid I can't tell you
aim əˈfreid ai ˈkɑ:nt ˈtel ju

Temo que no le pueda decir
ˈtemo ke no le ˈpweða ðeˈθir̄

Perhaps
pəˈhæps

Quizá
kiˈθa

COMMANDS

Look!
luk!

I say!
ai ′sei!

Look here!
′luk ′hiə!

Come on![1]
′kʌm ′ɔn!

Listen!
′lisən!

Get out!
′get ′aut!

Be quiet!
′bi: ′kwaiət!

Silence, please!
′sailəns, ′pli:z!

Hurry up!
′hʌri ′ʌp!

Be quick!
′bi: ′kwik!

Follow me!
′fɔlou mi!

ORDENES

¡Mira!
¡′mira!

¡Oiga!
¡′oiγa!

¡Oiga!
¡′oiγa!

¡Vamos!
¡′bamos!

¡Escuche!
¡es′kutʃe!

¡Sal!
¡sal!

¡Estate quieto!
¡es′tate ′kjeto!

¡Silencio!
¡si′lenθjo!

¡Date prisa!
¡′date ′p̄risa!

¡Date prisa!
¡′date ′p̄risa!

¡Sígame!
¡′siγame!

---

[1] Para animar a alguien.

Go out![1] ˈgou ˈaut!	*¡Sal!* ¡sal!
Come out![2] ˈkʌm ˈaut!	*¡Sal!* ¡sal!
Be good! ˈbi: ˈgud!	*¡Sé bueno!* ¡ˈse ˈβweno!
Get up! ˈget ˈʌp!	*¡Levántate!* ¡leˈβantate!
Wake up! ˈweik ˈʌp!	*¡Despiértate!* ¡desˈpjer̄tate!
Get dressed! ˈget ˈdrest!	*¡Vístete!* ¡ˈbistete!
Wait! weit!	*¡Espera!* ¡esˈpera!
Wait a moment! ˈweit ə ˈmoumənt!	*¡Espera un momento!* ¡esˈpera un moˈmento!
Stop! stɔp!	*¡Para!* ¡ˈpara!
Mind! maind!	*¡Cuidado!* ¡kwiˈðaðo!
Look out! ˈluk ˈaut!	*¡Cuidado!* ¡kwiˈðaðo!
Be careful! ˈbi: ˈkɛəfəl!	*¡Ten cuidado!* ¡ˈten kwiˈðaðo!

---

[1] Desde dentro.
[2] Desde fuera.

Don't drop it! ′dount ′drɔp it!	***¡No lo tires!*** ¡′no lo ′tires!
Come in![1] ′kʌm ′in!	***¡Adelante!*** ¡aðe′lante!
Go in![2] ′gou ′in!	***¡Entre!*** ¡′ent̄re!
Let's go! ′lets ′gou!	***¡Vámonos!*** ¡′bamonos!
Go on! ′gou ′ɔn!	***¡Continúe!*** ¡konti′nue!
Shut up! ′ʃʌt ′ʌp!	***¡Cállate!*** ¡′kaʎate!
Don't! dount!	***¡No! (lo hagas)*** ¡no! (lo ′aγas)
Stand up! ′stænd ′ʌp!	***¡Ponte de pie!*** ¡′ponte ðe ′pje!
Sit down! ′sit ′daun!	***¡Siéntate!*** ¡′sjentate!
Rub it out! ′rʌb it ′aut!	***¡Bórralo!*** ¡′bor̄alo!
Cross it out! ′krɔs it ′aut!	***¡Táchalo!*** ¡′tatʃalo!
Write it in ink! ′rait it in ′iŋk!	***¡Escríbelo con tinta!*** ¡es′kr̄iβelo kon tinta!
Put on your coat! ′put ′ɔn jɔː ′kout!	***¡Ponte la chaqueta!*** ¡′ponte la tʃa′keta!

[1] Desde dentro.
[2] Desde fuera.

Take off your coat!
'teik 'ɔf: jɔ: 'kout!

Go away!
'gou ə'wei!

Eat it up!
'i:t it 'ʌp!

Turn on the light!
'tə:n 'ɔn ðə 'lait!

Turn off the light!
'tə:n 'ɔf ðə 'lait!

Let's take a vote on it!
'lets 'teik ə'vout ɔn it!

Let's toss for it!
'lets 'tɔs fər it!

¡Quítate la chaqueta!
¡'kitate la tʃa'keta!

¡Márchate!
¡'martʃate!

¡Cómetelo todo!
¡'kometelo 'toðo!

¡Enciende la luz!
¡en'θjende la 'luθ!

¡Apaga la luz!
¡a'paɣa la 'luθ!

¡Echémoslo a votos!
¡e'tʃemoslo a 'βotos!

¡Echémoslo a cara o cruz!
¡e'tʃemoslo a 'kara o 'kruθ!

EXCLAMATIONS

Oh!
Ou!

Oh bother!
'ou 'bɔðə!

Confound it!
kən'faund it!

I see!
ai 'si:!

Here you are![1]
'hiə ju 'ɑ:!

EXCLAMACIONES

¡Oh!
¡o:!

¡Qué lata!
¡'ke 'lata!

¡Maldita sea!
¡mal'dita 'sea!

¡Ah, ya!
¡'a: 'ja!

¡Aquí tienes!
¡a'ki 'tjenes!

---

[1] Al dar algo a alguien.

I give up! ai ˈgiv ˈʌp!	***¡Me doy por vencido!*** ¡me ˈðoi poɾ βenˈθiðo!
Nonsense! ˈnɔnsəns!	***¡Qué tontería!*** ¡ˈke tonteˈria!
How strange! ˈhau ˈstreindʒ!	***¡Qué extraño!*** ¡ˈke esˈtɾaɲo!
What bad luck! wɔt ˈbæd ˈlʌk!	***¡Qué mala suerte!*** ¡ˈke ˈmala ˈsweɾte!
Well I never! ˈwell ai ˈnevə!	***¡Nunca lo hubiera creído!*** ¡ˈnuŋka lo uˈβjera kɾeˈiðo!
What cheek! ˈwɔt ˈtʃiːk!	***¡Qué cara dura!*** ¡ˈke ˈkara ˈðura!
How funny! ˈhau ˈfʌni!	***¡Qué gracioso!*** ¡ˈke ɣɾaˈθjoso!
Of course! ˈəv ˈkɔːs!	***¡Desde luego!*** ¡ˈdesde ˈlweɣo!
Well done! ˈwel ˈdʌn!	***¡Bien hecho!*** ¡ˈβjen ˈetʃo!
At last! ət ˈlɑːst!	***¡Por fin!*** ¡poɾ ˈfin!
Good luck! ˈgud ˈlʌk!	***¡Buena suerte!*** ¡ˈbwena ˈsweɾte!
Quite right! ˈkwait ˈrait!	***¡Perfecto!*** ¡peɾˈfegto!
Congratulations! kəngrætjuˈleiʃənz!	***¡Enhorabuena!*** ¡enoraˈβwena!
No wonder! ˈnou ˈwʌndə!	***¡No me choca!*** ¡no me ˈtʃoka!

I'm not surprised!
aim ′nɔt sə′praizd!

¡No me sorprende!
¡no me soɾ′pɾende!

What a shame!
′wɔt ə ′ʃeim!

¡Qué pena!
¡ke ′pena!

What a pity!
′wɔt ə ′piti!

¡Qué pena!
¡ke ′pena!

What a nuisance!
′wɔt ə ′nju:səns!

¡Qué fastidio!
¡′ke fas′tiðjo!

How annoying!
′hau ə′nɔiiŋ!

¡Qué fastidio!
¡′ke fas′tiðjo!

How frightful!
′hau ′fraitfəl!

¡Qué miedo!
¡′ke ′mjeðo!

What a thing!
′wɔt ə′θiŋ!

¡Vaya cosa!
¡′baja ′kosa!

Certainly!
′sə:tənli!

¡Pues claro!
¡′pwes ′klaro!

What!
wɔt!

¡Cómo!
¡′komo!

My goodness!
mai ′gudnis!

¡Caramba!
¡ka′ramba!

APPROVAL

APROBACION

Yes
jes

Sí
si

Yes, sir
′jes, sə

Sí, señor
′si, se′ɲoɾ

Well
well

Bien
bjen

Very well	*Muy bien*
ˈveri ˈwel	mwi ˈβjen
Very good	*Muy bien*
ˈveri ˈgud	mwi ˈβjen
Quite right	*Muy bien*
ˈkwait ˈrait	mwi ˈβjen
O. K.	*Muy bien*
ˈou ˈkei	mwi ˈβjen
That's right	*Conforme*
ˈðæts ˈrait	komˈfor̄me
All right	*Conforme*
ˈɔːl ˈrait	komˈfor̄me
Of course	*Desde luego*
əv ˈkɔːs	ˈdesde ˈlweyo
I think so	*Creo que sí*
ai ˈθiŋk sou	ˈkr̄eo ke ˈsi
Right!	*Tiene usted razón*
rait!	ˈtjene uste r̄aˈθon
You're right	*Tiene usted razón*
juə ˈrait	ˈtjene uste r̄aˈθon
Right you are	*Tiene usted toda la razón*
ˈrait ju ˈɑː	ˈtjene uste ˈtoða la r̄aˈθon
I think you're right	*Creo que tiene usted razón*
ai ˈθiŋk juə ˈrait	ˈkr̄eo ke ˈtjene uste r̄aˈθon
You're quite right	*Ciertamente, tiene usted razón*
juə ˈkwait ˈrait	ˈθjer̄tamente, ˈtjene uste r̄aˈθon

Certainly!
ˈsəːtənli!

Of course!
əv ˈkɔːs!

Good idea!
ˈgud aiˈdiə!

That's a good idea
ˈðæts ə ˈgud aiˈdiə

What a good idea!
ˈwɔt ə ˈgud aiˈdiə!

What bright ideas you have!
ˈwɔt ˈbrait aiˈdiəz ju ˈhæv!

I agree with you
ai əˈgriː wið ju

I quite agree with you
ai ˈkwait əˈgriː wið ju

I entirely agree with you
ai inˈtaiəli əˈgriː wið ju

There's no doubt about it
ðɛəz ˈnou ˈdaut əbaut it

That's my opinion, too
ˈðæts mai əˈpiniən, ˈtuː

¡Claro que sí!
¡ˈklaro ke ˈsi!

¡Desde luego!
¡ˈdesde ˈlweɣo!

¡Buena idea!
¡bwena iˈðea!

Esa es una buena idea
ˈesa es una ˈβwena iˈðea

¡Qué buena idea!
¡ˈke ˈβwena iˈðea!

¡Qué ideas tan luminosas tiene usted!
¡ˈke iˈðeas tan lumiˈnosas ˈtjene usˈteð!

Estoy de acuerdo con usted
esˈtoi ðe aˈkweřdo kon usˈteð

Estoy de completo acuerdo con usted
esˈtoi ðe komˈpleto aˈkweřdo kon usˈteð

Estoy de completo acuerdo con usted
esˈtoi ðe komˈpleto aˈkweřdo kon usˈteð

No hay duda de eso
no ai ˈðuða ðe ˈeso

Esa es también mi opinión
ˈesa es tamˈbjen mi opiˈnjon

That's just what I think
ˈðæts ˈdʒʌst wɔt ai ˈθiŋk

Eso es precisamente lo que pienso
ˈeso es pre̅ˈθisaˈmente lo ke ˈpjenso

That's what I've always thought
ˈðæts wɔt aiv ˈɔ:lwiz ˈθɔ:t

Eso es lo que siempe he pensado
ˈeso es lo ke ˈsjempr̅e e penˈsaðo

That's true
ˈðæts ˈtru:

Eso es cierto
ˈeso es ˈθjer̅to

That's quite true
ˈðæts ˈkwait ˈtru:

Eso es completamente cierto
ˈeso es kompletaˈmente ˈθjer̅to

As you like
æz ju ˈlaik

Como guste
komo ˈɣuste

Just as you like
ˈdʒʌst əz ju ˈlaik

Haga lo que le parezca
ˈaɣa lo ke le paˈreθka

Do what you like
ˈdu: wɔt ju ˈlaik

Haga lo que le parezca
ˈaɣa lo ke le paˈreθka

That's splendid!
ˈðæts ˈsplendid!

¡Es magnífico!
¡es magˈnifiko!

I should think so
ai ʃəd ˈθiŋk sou

Así lo espero
aˈsi lo esˈpero

I DON'T AGREE WITH YOU

NO ESTOY DE ACUERDO CON USTED

No
nou

No
no

No, sir
ˈnou, sə

No, señor
ˈno, seˈɲor̅

Oh, no!
'ou, 'nou!

¡Oh, no!
¡'o:, 'no!

No, of course not
'nou, əv 'kɔ:s 'nɔt

No, desde luego que no
'no, desðe 'lweyo ke 'no

Very bad
'veri 'bæd

Muy mal
'mwi 'mal

It's very bad
its 'veri 'bæd

Está muy mal
es'ta mwi 'mal

It's wrong
its 'rɔŋ

Está equivocado
es'ta ekiβo'kaðo

It's of no use
its əv 'nou 'ju:s

De nada sirve
de 'naða 'sir̄βe

It isn't worth while
it 'izənt 'wə:θ 'wail

No merece la pena
no me'reθe la 'pena

It's quite absurd
its 'kwait əb'sə:d

Es completamente absurdo
es kom'pletamente aβ'sur̄ðo

Nonsense!
'nɔnsəns!

¡Tonterías!
¡tonte'rias!

How nasty!
'hau 'nɑ:sti!

¡Qué desagradable!
¡'ke ðesaɣra'ðaβle!

How ugly!
'hau 'ʌgli!

¡Qué feo!
¡'ke 'feo!

I don't agree with you
ai 'dount ə'gri: wið ju

No estoy de acuerdo con usted
no es'toi ðe a'kwer̄ðo kon us'teð

I disagree with you
ai disə'gri: wið ju

No estoy de acuerdo con usted
no es'toi ðe a'kwer̄ðo kon us'teð

I don't think you're right
ai 'dount 'θiŋk ju ə 'rait

I don't think so
ai 'dount 'θiŋk sou

You're wrong
juə 'rɔŋ

I'm afraid you're mistaken
aim ə'freid juə mis'teikən

No creo que tenga usted razón
no 'k̄reo ke 'teŋga uste r̄a'θon

Me parece que no
me pa'reθe ke 'no

Está usted equivocado
es'ta uste ekiβo'kaðo

Me temo que esté usted equivocado
me 'temo ke es'te uste ekiβo'kaðo

DOUBT

DUDA

Perhaps
pə'hæps

I suppose so
ai sə'pouz sou

I hope so
ai 'houp sou

I'm not sure
aim 'nɔt 'ʃuə

I can't tell you
ai 'kɑ:nt 'tel ju

I can't remember
ai 'kɑ:nt ri'membə

I'm afraid I can't tell you
aim ə'freid ai 'kɑ:nt 'tel ju

Quizá
ki'θa

Supongo que sí
su'poŋgo ke 'si

Así lo espero
a'si lo es'pero

No estoy seguro
no es'toi se'ɣuro

No le puedo decir
no le 'pweðo ðe'θir̄

No me acuerdo
no me a'kwer̄ðo

Me temo que no le pueda decir
me 'temo ke no le 'pweða ðe'θir̄

I don't exactly know
ai ˈdount igˈzæktli ˈnou

I can't tell you for certain
ai ˈkɑ:nt ˈtel ju fə ˈsə:tən

CERTAINTY

I'm sure
aim ˈʃuə

I'm certain
aim ˈsə:tən

I'm quite sure
aim ˈkwait ˈʃuə

I'm quite certain
aim ˈkwait ˈsə:tən

It's absolutely certain
its ˈæbsəlu:tli ˈsə:tən

There's no doubt about it
ðɛəz ˈnou ˈdaut əbaut it

IGNORANCE

I don't know
ai ˈdoun ˈnou[1]

I really don't know
ai ˈriəli ˈdoun ˈnou

No sé exactamente
no ˈse esagtaˈmente

No le puedo asegurar
no le ˈpweðo aseɣuˈrar̄

CERTEZA

Estoy seguro
esˈtoi seˈɣuro

Estoy seguro
esˈtoi seˈɣuro

Estoy completamente seguro
esˈtoi kompletaˈmente
  seˈɣuro

Estoy completamente seguro
esˈtoi kompletaˈmente
  seˈɣuro

Es completamente cierto
es kompletaˈmente ˈθjer̄to

No hay duda alguna
no ai ˈðuða alˈɣuna

IGNORANCIA

No sé
ˈno ˈse

No sé en realidad
ˈno ˈse en r̄ealiˈðað

---

[1] En la frase *I don't know*, normalmente no se pronuncia la *t* de *don't*.

I don't know anything about it
ai ′doun ′nou ′eniθiŋ əbaut it

No sé nada de eso
no ′se ′naða ðe ′eso

I know nothing about it
ai ′nou ′nʌθiŋ əbaut it

No sé nada de eso
no ′se ′naða ðe ′eso

I admit I don't know anything about it
ai əd′mit ai ′doun ′nou ′eniθiŋ əbaut it

Confieso que no sé nada de eso
kom′fjeso ke no ′se ′naða ðe ′eso

I'm afraid I can't tell you
aim ə′freid ai ′kɑ:nt ′tel ju

Me temo que no le pueda decir
me ′temo ke no le ′pweða ðe′θir̄

I haven't got the slightest idea
ai ′hævənt gɔt ðə ′slaitist ai′diə

No tengo ni la menor idea
no ′teŋgo ni la me′nor i′ðea

I haven't any idea
I ′hævənt eni ai′diə

No tengo idea
no ′teŋgo i′ðea

PROTEST

PROTESTA

I protest!
ai prə′test!

¡Protesto!
ipr̄o′testo!

No, I'm not!
′nou, aim ′nɔt!

¡No, no lo soy!
i′no, ′no lo ′soi!

No, I don't!
′nou, ai ′dount!

¡No, yo no!
i′no, jo ′no!

No, excuse me
′nou, iks′kju:z mi

Perdone, pero no
per̄′ðone, pero ′no

Oh! but I say!
'ou! bʌt ai 'sei!

Pero, ¡óigame!
pero, ¡'oiɣame!

DESIRE

DESEO

I want it
ai 'wɔnt it

Lo quiero
lo 'kjero

I wish I could do it!
ai 'wiʃ ai kud 'du: it!

¡Ojalá lo pudiera hacer!
¡oxa'la lo pu'ðjera a'θeř!

I wish I could speak English better!
ai 'wiʃ ai kud 'spi:k 'iŋgliʃ 'betə!

¡Ojalá! supiera hablar inglés mejor!
¡oxa'la su'pjera a'βlar iŋ'gles me'xoř!

I should like to have it
ai ʃəd 'laik tə 'hæv it

Me gustaría tenerlo
me ɣusta'ria te'neřlo

I'm longing to have it
aim 'lɔŋiŋ tə 'hæv it

Estoy deseando tenerlo
es'toi ðese'ando te'neřlo

I'm anxious to have it
aim 'æŋʃəs tə 'hæv it

Estoy deseando tenerlo
es'toi ðese'ando te'neřlo

POSSIBILITY

POSIBILIDAD

Perhaps
pə'hæps

Quizá
ki'θa

Maybe
'meibi:

Quizá
ki'θa

It's quite likely
its 'kwait 'laikli

Es muy posible
es mwi po'siβle

It's quite possible
its 'kwait 'pɔsibl

Es muy posible
es mwi po'siβle

He may do it
hi ′mei ′du: it

He's likely to do it
hi:z ′laikli tə ′du: it

He's very likely to do it
hi:z ′veri ′laikli tə ′du: it

There's a possibility that he will do it
ðəz ə pɔsi′biliti ðət hi wil ′du: it

Puede que lo haga
′pweðe ke lo ′aɣa

Es posible que lo haga
es po′siβle ke lo ′aɣa

Es muy posible que lo haga
es mwi po′siβle ke lo ′aɣa

Hay una posibilidad de que lo haga
′ai una posiβili′ðað ðe ke lo ′aɣa

IMPOSSIBILITY

IMPOSIBILIDAD

I can't
ai ′kɑ:nt

I can't do it
ai ′kɑ:nt ′du: it

I can't possibly do it
ai ′kɑ:nt ′pɔsibli ′du: it

I'm afraid I can't do it
aim ə′freid ai ′kɑ:nt ′du: it

It's quite impossible
its ′kwait im′pɔsibl

It can't be done
it ′kɑ:nt bi ′dʌn

It isn't possible
it ′izənt ′pɔsibl

No puedo
no ′pweðo

No puedo hacerlo
no ′pweðo a′θer̄lo

Me es imposible hacerlo
me es impo′siβle a′θer̄lo

Me temo que no pueda hacerlo
me ′temo ke no ′pweða a′θer̄lo

Es completamente imposible
es kom′pletamente impo′siβle

Eso no se puede hacer
′eso no se ′pweðe a′θer̄

No es posible
no es po′siβle

PROMISE

I promise you
ai ′prɔmis ju

Of course I'll do it
əv ′kɔ:s ail ′du: it

I'll do what I can
ail ′du: wɔt ai ′kæn

I'll do my best
ail ′du: mai ′best

You can rely on me
ju kən ri′lai ɔn ′mi:

I give you my word of honour
ai ′giv ju mai ′wə:d əv ′ɔnə

GIVING A SUGGESTION

Shall I do it?
ʃəl ai ′du: it?

What do you say to doing it?
′wɔt dju: ′sei tə ′du:iŋ it?

What about doing it?
′wɔt əbaut ′du:iŋ it?

Why not do that?
′wai ′nɔt ′du: ′ðæt?

PROMESA

Se lo prometo
se lo pr̄o′meto

Desde luego que lo haré
desde ′lweyo ke lo a′re

Haré todo lo que pueda
a′re toðo lo ke ′pweða

Haré todo lo posible
a′re toðo lo po′siβle

Confíe en mí
kom′fie en ′mi

Le doy mi palabra de honor
le ′ðoi mi pa′laβ̄ra ðe o′nor̄

AL HACER UNA SUGERENCIA

¿Lo hago?
¿lo ′aγo?

¿Qué le parece si lo hiciéramos?
¿′ke le pa′reθe si lo i′θjeramos?

¿Qué le parece si lo hiciéramos?
¿′ke le pa′reθe si lo i′θjeramos?

¿Por qué no hacer eso?
¿por̄ ′ke no a′θer ′eso?

Let's do it, shall we?
ˈlets ˈduː it, ʃəl ˈwiː?

Vamos a hacerlo, ¿qué le parece?
ˈbamos a aˈθer̄lo, ¿ˈke le paˈreθe?

Shall we go for a walk?
ʃəl wi ˈgou fər ə ˈwɔːk?

¿Vamos de paseo?
¿ˈbamos ðe paˈseo?

Why not tomorrow?
ˈwai ˈnɔt təˈmɔrou?

¿Por qué no mañana?
¿por̄ ˈke ˈno maˈɲana?

Would you like me to do it?
wud ju ˈlaik mi tə ˈduː it?

¿Le gustaría que lo hiciera?
¿le ɣustaˈria ke lo iˈθjera?

Shall we do it together?
ʃəl wi ˈduː it təˈgeðə?

¿Lo hacemos juntos?
¿lo aˈθemos ˈxuntos?

FRIENDS

AMISTADES

He's a friend of mine
hiːz ə ˈfrend əv ˈmain

Es amigo mío
es aˈmiɣo ˈmio

He's a great friend of mine
hiːz ə ˈgreit ˈfrend əv ˈmain

Es un gran amigo mío
es un ˈgr̄an aˈmiɣo ˈmio

He's a good friend of mine
hiːz ə ˈgud ˈfrend əv ˈmain

Es un buen amigo mío
es um ˈbwen ˈamiɣo ˈmio

He's my best friend
hiːz mai ˈbest ˈfrend

Es mi mejor amigo
es mi meˈxor aˈmiɣo

I know him very well
ai ˈnou him ˈveri ˈwel

Le conozco bien
le koˈnoθko ˈβjen

I know him intimately
ai ˈnou him ˈintimətli

Le conozco íntimamente
le koˈnoθko ˈintimamente

We're on very good terms
wiər ɔn ˈveri gud ˈtəːmz

Nos llevamos muy bien
nos ʎeˈβamos mwi ˈβjen

I've known him for years
aiv 'noun him fə 'jiəz

Hace años que le conozco
aθe 'aɲos ke le ko'noθko

We went to school together
wi 'went tə 'sku:l tə'geðə

Fuimos a la escuela juntos
'fwimos a la es'kwela 'xuntos

We get along quite well together
wi 'get ə'lɔŋ 'kwait 'wel tə'geðə

Nos llevamos muy bien
nos ʎe'βamos mwi 'βjen

BUSY

OCUPADO

I'm busy
aim 'bizi

Estoy ocupado
es'toi oku'paðo

I'm very busi
aim 'veri 'bizi

Estoy muy ocupado
es'toi mwi oku'paðo

I'm very busy all the time
aim 'veri 'bizi 'ɔ:l ðə 'taim

Estoy siempre muy ocupado
es'toi sjemp̄re mwi oku'paðo

I haven't had time to do it yet
ai 'hævənt hæd 'taim tə 'du: it 'jet

Todavía no he tenido tiempo de hacerlo
toða'βia no e te'niðo 'tjempo ðe a'θer̄lo

I haven't time
ai 'hævənt 'taim

No tengo tiempo
no 'teŋgo 'tjempo

I don't get enough time for it
ai 'dount 'get i'nʌf 'taim fər it

No dispongo de bastante tiempo para ello
no ðis'poŋgo ðe βas'tante 'tjempo para 'eʎo

I haven't enough time to do it ai 'hævənt i'nʌf 'taim tə 'du: it	*No tengo bastante tiempo para hacerlo* no 'teŋgo βas'tante 'tjempo para a'θeɾlo
I have very little spare time ai hæv 'veri litl 'spɛə 'taim	*Me sobra muy poco tiempo* me 'soβɾa mwi 'poko 'tjempo
I wish I had time! ai 'wiʃ ai hæd 'taim!	*¡Ojalá tuviera tiempo!* ¡oxa'la tuβjera 'tjempo!
I should like to have time ai ʃəd 'laik tə hæv 'taim	*Me gustaría tener tiempo* me ɣusta'ria te'neɾ 'tjempo

WAITING ESPERANDO

Will it take long? wil it 'teik 'lɔŋ?	*¿Tardará mucho?* ¿taɾða'ra 'mutʃo?
How long will it take you to do it? 'hau 'lɔŋ wil it 'teik ju tə 'du: it?	*¿Cuánto tardará usted en hacerlo?* ¿'kwanto taɾða'ra usteð en a'θeɾlo?
It won't take long it 'wount 'teik 'lɔŋ	*No se tardará mucho* no se taɾða'ra 'mutʃo
You won't have to wait long ju 'wount hæv tu 'weit lɔŋ	*No tendrá usted que esperar mucho* no ten'dɾa us'te ke espe'raɾ 'mutʃo
How many hours are there still to go? 'hau 'meni 'auəz[1] ə ðɛə 'stil tə 'gou?	*¿Cuántas horas faltan?* ¿'kwantas 'oras 'faltan?

---

[1] También (aəz).

There's still an hour to go
ðəz ˈstil ən ˈauə[1] tə ˈgou

Aún falta una hora
aˈun ˈfalta una ˈora

How long is it to Christmas?
ˈhau ˈlɔŋ iz it tə ˈkrisməs?

¿Cuánto falta para Navidad?
¿ˈkwanto ˈfalta para naβiˈðað?

Christmas is still a long way off
ˈkrisməs iz ˈstil ə ˈlɔŋ ˈwei ˈɔf

Aún falta mucho para Navidad
aun ˈfalta ˈmutʃo para naβiˈðað

Christmas is only a month away
ˈkrisməs iz ˈounli ə ˈmʌnθ əˈwei

Sólo falta un mes para Navidad
ˈsolo ˈfalta un ˈmes para naβiˈðað

It's three weeks to Christmas
its ˈθri: ˈwi:ks tə ˈkrisməs

Faltan tres semanas para Navidad
ˈfaltan ˈtr̄es seˈmanas para naβiˈðað

It will only take ten minutes
it wil ˈounli ˈteik ˈten ˈminits

Solamente se tardará diez minutos
ˈsolamente se tar̄daˈra ˈðjeθ miˈnutos

Will you wait a few minutes?
wil ju ˈweit ə ˈfju: ˈminits?

¿Quiere usted esperar unos minutos?
¿ˈkjere uste espeˈrar unos miˈnutos?

Do you mind waiting a few minutes?
du ju ˈmaind ˈweitiŋ ə ˈfju: ˈminits?

¿Le importaría esperar unos minutos?
¿le impor̄taˈria espeˈrar unos miˈnutos?

---

[1] También (aə).

I shall be ready in a minute
ai ʃəl bi ˈredi in ə ˈminit

Estaré preparado en un momento
estaˈre p̄repaˈraðo en un momento

OFFERING HELP

PARA OFRECER AYUDA

What can I do for you?
ˈwɔt kən ai ˈdu: fə ju?

¿En qué puedo servirle?
¿en ˈke ˈpweðo ser̄ˈβir̄le?

Shall I be able to help you?
ʃəl ai bi ˈeibl tə ˈhelp ju?

¿Podré ayudarle?
¿poˈðre ajuˈðar̄le?

Can I help you?
kən ai ˈhelp ju?

¿Puedo ayudarle?
¿ˈpweðo ajuˈðar̄le?

Is there anything I can do for you?
iz ðɛə ˈeniθiŋ ai kən ˈdu: fə ju?

¿Hay algo que pueda hacer por usted?
¿ai ˈalɣo ke ˈpweða aˈθer̄ por usˈteð?

Shall I help you?
ʃəl ai ˈhelp ju?

¿Le ayudo?
¿le aˈjuðo?

Do you want me to help you?
du ju ˈwɔnt mi tə ˈhelp ju?

¿Quiere usted que le ayude?
¿ˈkjere usˈteð ke le aˈjuðe?

Do you need any help?
du ju ˈni:d ˈeni ˈhelp?

¿Necesita usted ayuda?
¿neθeˈsita usteð aˈjuða?

Can't I do anything for you?
ˈkɑ:nt ai ˈdu: ˈeniθiŋ fɔ: ju?

¿No puedo hacer algo por usted?
¿no ˈpweðo aˈθer ˈalɣo por usˈteð?

Allow me, please
əˈlau mi, ˈpli:z

Permítame, por favor
per̄ˈmitame, por̄ faˈβor̄

Let me help you
ˈlet mi ˈhelp ju

Permítame que le ayude
per̄ˈmitame ke le aˈjuðe

58

WHAT'S YOUR NAME? ¿CÓMO SE LLAMA USTED?

What's your name?
ˈwɔts jɔː ˈneim?

¿Cómo se llama usted?
¿ˈkomo se ˈʎama usˈteð?

Spell your name, please
ˈspel jɔː ˈneim, ˈpliːz

Deletree su nombre, por favor
deleˈtr̄ee su ˈnombr̄e, por̄ faˈβor̄

How old are you?
ˈhau ˈould ə ju?

¿Qué edad tiene usted?
¿ˈke eˈða ˈtjene usˈteð?

What's your weight?
ˈwɔts jɔː ˈweit?

¿Cuánto pesa usted?
¿ˈkwanto pesa usˈteð?

Where do you come from?
ˈwɛə du ju ˈkʌm frɔm?

¿De dónde es usted?
¿de ˈðonde es usˈteð?

What town of England do you come from?
ˈwɔt ˈtaun əv ˈiŋglənd du ju ˈkʌm frɔm?

¿De qué ciudad de Inglaterra es usted?
¿de ˈke θjuˈðað ðe iŋglaˈter̄a es usˈteð?

Where do you live?
ˈwɛə du ju ˈliv?

¿Dónde vive usted?
¿ˈdonde ˈβiβe usˈteð?

What's your address?
ˈwɔts jɔːr əˈdres?

¿Cuáles son sus señas?
¿ˈkwales son sus ˈseɲas?

What's your telephone number?
ˈwɔts jɔː ˈtelifoun ˈnʌmbə?

¿Cuál es su número de teléfono?
¿ˈkwal es su ˈnumero de teˈlefono?

What are you?
ˈwɔt ə ju?

¿Qué es usted?
¿ˈke es usˈteð?

Who are you?
'hu: 'a:ju?

¿Quién es usted?
¿ˈkjen es usˈteð?

What's your nationality?
'wɔts jɔ: næʃəˈnæliti?

¿Cuál es su nacionalidad?
¿ˈkwal es su naθjonaliˈðað?

Where were you born?
'wɛə wə ju 'bɔ:n?

¿Dónde nació usted?
¿ˈdonde naˈθjo usˈteð?

I was born in Madrid
ai wəz 'bɔ:n in məˈdrid

Nací en Madrid
naˈθi en maˈðrið

Write your name and address here
'rait jɔ: 'neim ənd əˈdres 'hiə

Escriba su nombre y señas aquí
esˈkriβa su 'nombre i 'seɲas aˈki

Sign here
'sain 'hiə

Firme aquí
'firme aˈki

How long have you lived here?
'hau 'lɔŋ həv ju 'livd hiə?

¿Cuánto tiempo hace que vive usted aquí?
¿ˈkwanto 'tjempo 'aθe ke 'βiβe uste aˈki?

Have you lived here long?
həv ju 'livd hiə 'lɔŋ?

¿Hace mucho tiempo que vive usted aquí?
¿ˈaθe mutʃo 'tjempo ke 'βiβe uste aˈki?

I have lived here all my life
ai həv 'livd hiə 'ɔ:l mai 'laif

He vivido aquí toda mi vida
e βiˈβiðo aˈki toða mi 'βiða

How many children have you?
'hau meni 'tʃildrən 'hæv ju?

¿Cuántos hijos tiene usted?
¿ˈkwantos 'ixos 'tjene usˈteð?

Have you got any brothers or sisters?
həv ju 'gɔt eni 'brʌðəz ɔ: 'sistəz?

¿Tiene usted hermanos?
¿ˈtjene uste erˈmanos?

TRYING TO SPEAK ENGLISH

AL INTENTAR HABLAR INGLES

I'm afraid I don't understand
aim ə'freid ai 'dount ʌndəs'tænd

Me temo que no lo entiendo
me 'temo ke no lo en'tjendo

Speak slowly, please
'spi:k 'slouli, 'pli:z

Hable despacio, por favor
'aβle ðes'paθjo, poɾ fa'βoɾ

Speak more slowly, please
'spi:k 'mɔ: 'slouli, 'pli:z

Hable más despacio, por favor
'aβle mas ðes'paθjo, poɾ fa'βoɾ

I don't know much English
ai 'dount 'nou 'mʌtʃ 'iŋgliʃ

No sé mucho inglés
no 'se mutʃo iŋ'gles

I can just make myself understood
ai kən 'dʒʌst 'meik maiself ʌndəs'tud

Unicamente puedo hacer que me entiendan
'unikamente 'pweðo a'θeɾ ke me en'tjendan

It's very difficult for me to understand
its 'veri 'difikəlt fə mi tu ʌndəs'tænd

Lo encuentro muy difícil de entender
lo eŋ'kwentɾo mwi ði'fiθil de enten'deɾ

I can understand quite well
ai kən ʌndəs'tænd 'kwait 'wel

Lo entiendo bastante bien
lo en'tjendo βas'tante 'βjen

I can understand when people speak slowly
ai kən ʌndəs'tænd wen 'pi:pl 'spi:k 'slouli

Lo entiendo cuando hablan despacio
lo en'tjendo kwando 'aβlan des'paθjo

Is there anybody who speaks English?
iz ðɛər 'enibɔdi hu 'spi:ks 'iŋgliʃ?

¿Hay alguien que hable inglés??
¿ai 'alɣjen ke 'aβle iŋ'gles?

I don't understand you when you speak so fast
ai ˈdount ʌndəsˈtænd ju wen ju ˈspiːk ˈsou ˈfɑːst

No le entiendo a usted cuando habla tan deprisa
no le enˈtjendo a usˈte kwando ˈaβla tan deˈpr̄isa

My English is rather elementary
mai ˈingliʃ iz ˈrɑːðər eliˈmentəri

Mi inglés es bastante elemental
mi iŋˈgles es βasˈtante elemenˈtal

Your English is quite good for a beginner
jɔːr ˈingliʃ iz ˈkwait ˈgud fər ə biˈginə

Su inglés es bastante bueno para ser principiante
su iŋˈgles es βasˈtante ˈβweno para ser̄ pr̄inθiˈpjante

I don't hear English spoken much
ai ˈdount hiə ˈingliʃ ˈspoukən ˈmʌtʃ

No oigo hablar mucho inglés
no ˈoiɣo aˈβlar̄ mutʃo iŋˈgles

Can you speak English?
kən ju ˈspiːk ˈingliʃ?

¿Habla usted inglés?
¿ˈaβla uste iŋˈgles?

Do you speak English?
du ju ˈspiːk ˈingliʃ?

¿Habla usted inglés?
¿ˈaβla uste iŋˈgles?

How do you spell it?
ˈhau du ju ˈspel it?

¿Cómo se escribe?
¿ˈkomo se esˈkr̄iβe?

Do you understand me?
du ju ʌndəsˈtænd mi?

¿Me entiende?
¿me enˈtjende?

Is this expression all right?
iz ðis iksˈpreʃən ˈɔːl ˈrait?

¿Está bien esta expresión?
¿esˈta ˈβjen esta espr̄eˈsjon?

Is there any other way of saying it?
iz ðɛər ˈeni ˈʌðə ˈwei əv ˈseiiŋ it?

¿Hay otra forma de decirlo?
¿ai ˈotr̄a ˈfor̄ma ðe ðeˈθir̄lo?

What does this word mean? ˈwɔt dəz ðis ˈwəːd ˈmiːn?	*¿Qué quiere decir esta palabra?* ¿ˈke ˈkjere ðeˈθir esta paˈlaβɾa?
What's the meaning of this word? ˈwɔts ðə ˈmiːniŋ əv ðis ˈwəːd?	*¿Qué quiere decir esta palabra?* ¿ˈke ˈkjere ðeˈθir esta paˈlaβɾa?
What's the English word for «cartera»? ˈwɔts ði ˈiŋgliʃ ˈwəːd fə «kaɾˈtera»?	*¿Cómo se dice en inglés «cartera»?* ¿ˈkomo se ˈðiθe en iŋˈgles «kaɾˈtera»?
I can't remember the English word for «cartera» ai ˈkɑːnt riˈmembə ði ˈiŋgliʃ ˈwəːd fə «kaɾˈtera»	*No me acuerdo de cómo se dice en inglés «cartera»* no me aˈkweɾðo ðe ˈkomo se ˈðiθe en iŋˈgles «kaɾˈtera»
Which syllable is stressed in «photographer»? ˈwitʃ ˈsiləbl iz ˈstrest in «fəˈtɔgrəfə»?	*¿Qué sílaba se acentúa en «photographer»?* ¿ˈke ˈsilaba se aθenˈtua en «fəˈtɔgrəfə»?
How do you say that in English? ˈhau du ju ˈsei ˈðæt in ˈiŋgliʃ?	*¿Cómo se dice eso en inglés?* ¿ˈkomo se ˈdiθe ˈeso en iŋˈgles?
What do you call that in English? ˈwɔt du ju ˈkɔːl ˈðæt in ˈiŋgliʃ?	*¿Cómo se llama eso en inglés?* ¿ˈkomo se ˈʎama ˈeso en iŋˈgles?
How do you spell that word in English? ˈhau du ju ˈspel ðæt ˈwəːd in ˈiŋgliʃ?	*¿Cómo se escribe esa palabra en inglés?* ¿ˈkomo se esˈkɾiβe esa paˈlaβɾa en iŋˈgles?

How do you pronounce it?
ˈhau du ju prəˈnauns it?

¿Cómo se pronuncia?
¿ˈkomo se pr̄oˈnunθja?

Where is the stress?
ˈwɛər iz ðə ˈstres?

¿Dónde se acentúa?
¿ˈdonde se aθenˈtua?

Spell it, please
ˈspel it, ˈpli:z

Deletréelo, por favor
deleˈtr̄eelo, por̄ faˈβor̄

Haven't I pronounced it right?
ˈhævənt ai prəˈnaunst it ˈrait?

¿No lo he pronunciado bien?
¿no lo e pr̄onunˈθjaðo ˈβjen?

When did you start learning English?
ˈwen did ju ˈstɑ:t ˈlə:niŋ ˈiŋgliʃ?

¿Cuándo empezó usted a aprender inglés?
¿ˈkwando empeˈθo usˈte a aprenˈder iŋˈgles?

HURRY

PRISA

Hurry up!
ˈhʌri ˈʌp!

¡Date prisa!
¡ˈdate ˈpr̄isa!

Be quick!
ˈbi: ˈkwik!

¡Date prisa!
¡ˈdate ˈpr̄isa!

Come on!
ˈkʌm ˈɔn!

¡Vamos, no te entretengas!
¡ˈbamos, no te entr̄eˈteŋgas!

I'm in a hurry
aim in ə ˈhʌri

Tengo prisa
ˈteŋgo ˈpr̄isa

I'm in a great hurry
aim in ə ˈgreit ˈhʌri

Tengo mucha prisa
ˈteŋgo ˈmutʃa ˈpr̄isa

Why are you in such a hurry?
ˈwai ə ju in ˈsʌtʃ ə ˈhʌri?

¿Por qué tiene usted tanta prisa?
¿por̄ ˈke ˈtjene usteˈtanta ˈpr̄isa?

I'm late
aim ˈleit

It's late
its ˈleit

It's getting late
its ˈgetiŋ ˈleit

I must go
ai məs ˈgou

I've got to go
aiv ˈgɔt tə ˈgou

I'm sorry but I must go
aim ˈsɔri bʌt ai məs ˈgou

I must leave you
ai məs ˈliːv ju

I must start at once
ai məs ˈstɑːt ət ˈwʌns

I must be off
ai məs bi ˈɔf

Are you in a hurry?
ə ju in ə ˈhʌri?

It's time for me to go
its ˈtaim fə mi tə ˈgou

I can't stay any longer
ai ˈkɑːnt ˈstei eni ˈlɔŋgə

Voy tarde
ˈboi ˈtaɾðe

Es tarde
es ˈtaɾðe

Se hace tarde
se ˈaθe ˈtaɾðe

Tengo que marcharme
ˈteŋgo ke maɾˈtʃaɾme

Tengo que marcharme
ˈteŋgo ke maɾˈtʃaɾme

Lo siento, pero tengo que marcharme
lo ˈsjento, pero ˈteŋgo ke maɾˈtʃaɾme

Tengo que dejarle
ˈteŋgo ke ðeˈxaɾle

Debo marcharme en seguida
ˈdeβo maɾˈtʃaɾme en seˈɣiða

No tengo más remedio que irme
no ˈteŋgo mas r̄eˈmeðjo ke ˈir̄me

¿Tiene usted prisa?
¿ˈtjene uste ˈpr̄isa?

Es hora de que me vaya
es ˈora ðe ke me ˈβaja

No puedo quedarme más tiempo
no ˈpweðo keˈðaɾme mas ˈtjempo

Sorry, I can't stop now
'sɔri, ai 'kɑːnt 'stɔp 'nau

Lo siento, pero no puedo entretenerme ahora
lo 'sjento, pero no 'pweðo entr̄ete'ner̄me a'ora

I must hurry off
ai məs 'hʌri 'ɔf

Tengo que salir corriendo
'teŋgo ke sa'lir̄ ko'r̄jendo

Sorry, I can't stop; somebody is waiting for me
'sɔri, ai 'kɑːnt 'stɔp; 'sʌmbədi iz 'weitiŋ fɔː mi

Lo siento, no puedo entretenerme; me están esperando
lo 'sjento, no 'pweðo entr̄ete'ner̄me; me es'tan espe'rando

I shall have to hurry if I want to catch the bus
ai ʃəl hæv tə 'hʌri if ai 'wɔnt tə 'kætʃ ðə 'bʌs

Tendré que darme prisa si quiero coger el autobús
ten'dr̄e ke 'ðar̄me 'pr̄isa si 'kjero ko'xer el auto'βus

I'm afraid I shan't get there in time
aim ə'freid ai 'ʃɑːnt 'get ðɛər in 'taim

Temo que no llegaré a tiempo
'temo ke no ʎeɣa're a 'tjempo

I hope I shall get there in time
ai 'houp ai ʃəl 'get 'ðɛər in 'taim

Espero que llegaré a tiempo
es'pero ke ʎeɣa're a 'tjempo

I have to be there in time
ai 'hæv tə bi ðɛər in 'taim

Tengo que llegar a tiempo
'teŋgo ke ʎe'ɣar a 'tjempo

I had no idea it was so late
ai hæd 'nou ai'diə it wəz sou 'leit

No tenía idea de que fuese tan tarde
no te'nia i'ðea ðe ke 'fwese tan 'tar̄ðe

TIME	TIEMPO
It's early its ˈəːli	*Es temprano* es temˈprano
It's late its ˈleit	*Es tarde* es ˈtarðe
It's very late its ˈveri ˈleit	*Es muy tarde* es mwi ˈtarðe
It's too late its ˈtuː ˈleit	*Es demasiado tarde* es ðemaˈsjaðo ˈtarðe
It's time its ˈtaim	*Es hora* es ˈora
It's time to go its ˈtaim tə ˈgou	*Es hora de marcharse* es ˈora ðe marˈtʃarse
There's plenty of time ðəz ˈplenti əv ˈtaim	*Hay tiempo de sobra* ai ˈtjempo de ˈsoβra
What's the time? ˈwɔts ðə ˈtaim?	*¿Qué hora es?* ¿ˈke ˈora ˈes?
What time is it? ˈwɔt ˈtaim iz it?	*¿Qué hora es?* ¿ˈke ˈora ˈes?
What's the time by your watch? ˈwɔts ðə ˈtaim bai jɔː ˈwɔtʃ?	*¿Qué hora tiene su reloj?* ¿ˈke ˈora ˈtjene su reˈlo?[1]
What time is it by your watch? ˈwɔt ˈtaim iz it bai jɔː ˈwɔtʃ?	*¿Qué hora tiene su reloj?* ¿ˈke ˈora ˈtjene su reˈlo?

[1] El sonido [x] se suele omitir en la palabra *reloj* [reˈlox].

Do you know the time?
du ju ˈnou ðə ˈtaim?

¿Sabe usted qué hora es?
¿ˈsaβe usˈte ke ˈora ˈes?

Is your watch right?
iz jɔː ˈwɑtʃ ˈrait?

¿Va bien su reloj?
¿ba ˈβjen su r̄eˈlo?

My watch is always right
mai ˈwɔtʃ iz ˈɔːlwiz ˈrait

Mi reloj va siempre bien
mi r̄eˈlo βa ˈsjempr̄e ˈβjen

My watch is five minutes fast
mai ˈwɔtʃ iz ˈfaiv ˈminits ˈfɑːst

Mi reloj va cinco minutos adelantado
mi r̄eˈlo ˈβa ˈθiŋko miˈnutos aðelanˈtaðo

My watch is five minutes slow
mai ˈwɔtʃ iz ˈfaiv ˈminits ˈslou

Mi reloj va cinco minutos atrasado
mi r̄eˈlo ˈβa ˈθiŋko miˈnutos atr̄aˈsaðo

It's at least ten minutes slow
its ət ˈliːst ˈten ˈminits ˈslou

Por lo menos va diez minutos atrasado
por̄ lo ˈmenos ˈβa ˈðjeθ miˈnutos atr̄aˈsaðo

My watch says a quarter to seven
mai ˈwɔtʃ ˈsez ə ˈkwɔːtə tə ˈsevən

Mi reloj tiene las siete menos cuarto
mi r̄eˈlo ˈtjene las ˈsjete menos ˈkwar̄to

What day is it today?
ˈwɔt ˈdei iz it təˈdei?

¿Qué día es hoy?
¿ˈke ˈðia es ˈoi?

What date is it today?
ˈwɔt ˈdeit iz it təˈdei?

¿A cuántos estamos?
¿a ˈkwantos esˈtamos?

What is the date?
ˈwɔt iz ðə ˈdeit?

¿Qué fecha es?
¿ˈke ˈfetʃa ˈes?

What day of the month is it today?
ˈwɔt ˈdei əv ðə ˈmʌnθ iz it təˈdei?

¿En qué día estamos?
¿en ˈke ˈðia esˈtamos?

What day of the week is it today?
ˈwɔt ˈdei əv ðə ˈwiːk iz it təˈdei?

What month is it now?
ˈwɔt ˈmʌnθ iz it ˈnau?

It's the first of December today, isn't it?
its ðə ˈfəːst əv diˈsembə təˈdei, ˈizənt it?

Today's Monday
təˈdeiz ˈmʌndi

Yesterday was Sunday
ˈjestədi wəz ˈsʌndi

Tomorrow's Tuesday
təˈmɔrouz ˈtjuːzdi

Time passes quickly
ˈtaim ˈpɑːsiz ˈkwikli

Time flies!
ˈtaim ˈflaiz!

¿Qué día de la semana es hoy?
¿ˈke ˈðia ðe la seˈmana es ˈoi?

¿En qué mes estamos?
¿en ˈke ˈmes esˈtamos?

Hoy es el primero de diciembre, ¿verdad?
ˈoi es el pr̄iˈmero ðe ðiˈθjembr̄e, ¿βer̄ˈðað?

Hoy es lunes
ˈoi es ˈlunes

Ayer fue domingo
aˈjer̄ ˈfwe ðoˈmiŋgo

Mañana es martes
maˈɲana es ˈmar̄tes

El tiempo pasa rápido
el ˈtjempo pasa ˈr̄apiðo

¡El tiempo vuela!
¡el ˈtjempo ˈβwela!

ASKING SOMEBODY NOT TO DO SOMETHING

PARA PEDIR A ALGUIEN QUE NO HAGA ALGO

Don't do it
ˈdount ˈduː it

Please, don't do it
ˈpliːz, ˈdount ˈduː it

No lo haga
ˈno lo ˈaɣa

Por favor, no lo haga
por̄ faˈβor̄, ˈno lo ˈaɣa

69

Would you mind not doing it?
wud ju ′maind ′nɔt ′du:iŋ it?

¿*Le importaría no hacerlo?*
¿le impoɾta′ria no a′θeɾlo?

Stop doing it!
′stɔp ′du:iŋ it!

¡Deje de hacerlo!
¡′dexe ðe a′θeɾlo!

INTRODUCING SOMEBODY

AL HACER UNA PRESENTACION

This is Mr. Brown
′ðis iz mistə ′braun

Le presento al señor Brown
le pɾe′sento al se′ɲoɾ ′braun

Let me introduce Mr. Smith to you
′let mi intrə′dju:s mistə ′smiθ tə ju

Permítame que le presente al señor Smith
peɾ′mitame ke le pɾe′sente al se′ɲoɾ ′smiθ

Allow me to introduce my friend to you
ə′lau mi tu intrə′dju:s mai ′frend tə ju

Permítame que le presente a un amigo
peɾ′mitame ke le pɾe′sente a un a′miɣo

This is my friend
′ðis iz mai ′frend

Le presento a mi amigo
le pɾe′sento a mi a′miɣo

How d'you do?[1]
′hau dju ′du:?

Mucho gusto
′mutʃo ′ɣusto

Do you know Mr. Armstrong?
du ju ′nou mistər ′ɑ:mstrɔŋ?

¿Conoce usted al señor Armstrong?
¿ko′noθe us′teð al se′ɲor ɑ:mstrɔŋ

Have you met Mr. White?
həv ju ′met mistə ′wait?

¿Le han presentado al señor White?
¿le an pɾesen′taðo al se′ɲoɾ ′wait?

---

[1] Las dos o más personas presentadas dicen lo mismo.

I don't think you've met Mr. Williams
ai ′dount ′θiŋk ju:v ′met mistə ′wiljəmz

Me parece que no le han presentado al señor Williams
me pa′reθe ke no le an p r̄esen′tað o al se′ɲor̄ ′wiljəmz

I've often heard about you
aiv ′ɔfən ′hə:d əbaut ju

He oído hablar de usted a menudo
e o′ið o a′βlar̄ ð e us′teð a me′nuð o

I've always wanted to meet you
aiv ′ɔ:lwiz ′wɔntid tə ′mi:t ju

Siempre he deseado conocerle
′sjempr̄e e dese′að o kono′θer̄le

I'm so glad to have the opportunity of meeting you
aim sou ′glæd tə hæv ð i ɔpə′tju:niti əv ′mi:tiŋ ju

Me alegro de tener la oportunidad de conocerle
me a′leɣr̄o ð e te′ner̄ la opor̄tuni′ð að ð e kono′θer̄le

Excuse my introducing myself, my name is Wilson
iks′kju:z mai intrə′dju:siŋ mai′self, mai ′neim iz ′wilsən

Permítame que me presente yo mismo, me llamo Wilson
per̄′mitame ke me pr̄e′sente jo ′mismo, me ′ʎamo ′wilsən

I'm pleased to meet you[1]
aim ′pli:zd tə ′mi:t ju

Encantado de conocerle
eŋkan′tað o ð e kono′θer̄le

LATE

It's getting late
its ′getiŋ ′leit

Se está haciendo tarde
se esta a′θjendo ′tar̄ð e

Is it as late as that?
iz it əz ′leit əz ′ð æt?

¿Es tan tarde?
¿es tan ′tar̄ð e?

[1] Se usa normalmente en América.

I'm late
aim ′leit

Llego tarde
′ʎeγo ′taɾ̄ðe

I'm sorry I'm late
aim ′sɔri aim ′leit

Siento llegar tarde
′sjento ʎe′γaɾ̄ ′taɾ̄ðe

Excuse my being late
iks′kju:z mai ′bi:iŋ ′leit

Perdone que llegue tarde
peɾ̄′ðone ke ′ʎeγe ′taɾ̄ðe

I'm afraid I'm rather late
aim ə′freid aim ′rɑ:ðə ′leit

Temo que llegue algo tarde
′temo ke ′ʎeγe alγo ′taɾ̄ðe

Forgive me for being so late
fə′giv mi fə ′bi:iŋ sou ′leit

Perdóneme por llegar tan tarde
peɾ̄′ðoneme poɾ̄ ʎe′γaɾ̄ tan ′taɾ̄ðe

I do apologize for being so late
ai ′du: ə′pɔlədʒaiz fə ′bi:iŋ sou ′leit

Pido perdón por llegar tan tarde
′piðo peɾ̄′ðon poɾ̄ ʎe′γaɾ̄ tan ′taɾ̄ðe

You are late!
ju ′ɑ: ′leit!

¡Qué tarde llegas!
¡′ke ′taɾ̄ðe ′ʎeγas!

I've been held up by the traffic
aiv bin ′held ′ʌp bai ðə ′træfik

Me ha detenido el tráfico
me a ðete′niðo el ′tɾ̄afiko

I got caught in a traffic jam
ai ′gɔt ′kɔ:t in ə ′træfik dʒæm

Me cogió un embotellamiento de tráfico
me ko′xjo un emboteʎa′mjento ðe ′tɾ̄afiko

You'll be late if you don't hurry up
ju:l bi ′leit if ju ′dount ′hʌri ′ʌp

Llegarás tarde si no te das prisa
ʎeγa′ras ′taɾ̄ðe si no te ′ðas ′pɾ̄isa

BIRTHDAY

When's your birthday?
ˈwenz jɔː ˈbəːθdei?

Is it your birthday today?
iz it jɔː ˈbəːθdei təˈdei?

It's my birthday tomorrow
its mai ˈbəːθdei təˈmɔrou

How old are you?
ˈhau ˈould ə ju?

I'll be thirty tomorrow
ail bi ˈθəːti təˈmɔrou

I'll be twenty in June
ail bi ˈtwenti in ˈdʒuːn

How old will you be next birthday?
ˈhau ˈould wil ju bi ˈnekst ˈbəːθdei?

I'll be twenty next birthday
ail bi ˈtwenti ˈnekst ˈbəːθdei

Happy birthday!
ˈhæpi ˈbəːθdei!

Many happy returns of the day!
ˈmeni ˈhæpi riˈtəːnz əv ðə ˈdei!

CUMPLEAÑOS

¿Cuándo es tu cumpleaños?
¿ˈkwando es tu kumpleˈaɲos?

¿Es hoy tu cumpleaños?
¿es ˈoi tu kumpleˈaɲos?

Mañana es mi cumpleaños
maˈɲana es mi kumpleˈaɲos

¿Cuántos años tienes?
¿ˈkwantos ˈaɲos ˈtjenes?

Mañana cumpliré treinta
maˈɲana kumpliˈre ˈtr̄einta

Cumpliré los veinte en junio
kumpliˈre los ˈβeinte en ˈxunjo

¿Cuántos vas a cumplir?
¿ˈkwantos βas a kumˈplir̄?

Los próximos que cumpla serán veinte
los ˈpr̄osimos ke ˈkumpla seˈran ˈbeinte

¡Felicidades!
¡feliθiˈðaðes!

¡Que cumplas muchos!
¡ke ˈkumplas ˈmutʃos!

HOLIDAYS

Are you going to have a holiday this year?
ə ju ˈgouiŋ tə hæv ə ˈhɔlidi ðis ˈjiə?

Where are you going to spend your summer holidays?
ˈwɛər ə ju ˈgouiŋ tə ˈspend jɔː ˈsʌmə ˈhɔlidiz?

I'm going to spend my holidays in England
aim ˈgouiŋ tə ˈspend mai ˈhɔlidiz in ˈiŋglənd

Where did you spend your summer holidays?
ˈwɛə did ju ˈspend jɔː ˈsʌmə ˈhɔlidiz?

Have you had a holiday this year?
hæv ju hæd ə ˈhɔlidi ðis ˈjiə?

I've had a short holiday
aiv hæd ə ˈʃɔːt ˈhɔlidi

When do the summer holidays begin?
ˈwen du ðə ˈsʌmə ˈhɔlidiz biˈgin?

VACACIONES

¿Vas a tomarte unas vacaciones este año?
¿βas a toˈmart̄e unas βakaˈθjones este ˈaɲo?

¿Dónde vas a pasar las vacaciones este verano?
¿ˈdonde βas a paˈsār las βakaˈθjones este βeˈrano?

Voy a pasar mis vacaciones en Inglaterra
boi a pasār mis βakaˈθjones en iŋglaˈtēra

¿Dónde has pasado las vacaciones este verano?
¿ˈdonde as paˈsaðo las βakaˈθjones este βeˈrano?

¿Has tenido vacaciones este año?
¿as teˈnido βakaˈθjones este ˈaɲo?

Me he tomado unas cortas vaciones
me e toˈmaðo unas ˈkōrtas βakaˈθjones

¿Cuándo empiezan las vacaciones de verano?
¿ˈkwando emˈpjeθan las βakaˈθjones ðe βeˈrano?

When do we break up?
ˈwen du wi ˈbreik ˈʌp?

¿Cuándo se termina el curso?
¿ˈkwando se teřˈmina el ˈkuřso?

INVITING SOMEBODY

AL INVITAR

This calls for a celebration
ˈðis ˈkɔ:lz fər ə seliˈbreiʃən

Esto se merece que lo celebremos
ˈesto se meˈreθe ke lo θeleˈβremos

Let's go and have a drink
ˈlets ˈgou ənd ˈhæv ə ˈdriŋk

Vamos a tomar algo
ˈbamos a toˈmar ˈalɣo

Would you like a drink?
wud ju ˈlaik ə ˈdriŋk?

¿Quieres tomar algo?
¿ˈkjeres toˈmar ˈalɣo?

What about having a drink?
ˈwɔt əbaut ˈhæviŋ ə ˈdriŋk?

¿Y si tomáramos algo?
¿i si toˈmaramos ˈalɣo?

What do you say to a drink?
ˈwɔt du ju ˈsei tu ə ˈdriŋk?

¿Qué te parece si tomáramos algo?
¿ˈke te paˈreθe si toˈmaramos ˈalɣo?

What would you like to have?
ˈwɔt wud ju ˈlaik tə ˈhæv?

¿Qué quieres tomar?
¿ˈke ˈkjeres toˈmař?

What would you like to drink?
ˈwɔt wud ju ˈlaik tə ˈdriŋk?

¿Qué quieres beber?
¿ˈke ˈkjeres βeˈβeř?

What are you going to have?
ˈwɔt ə ju ˈgouiŋ tə ˈhæv?

¿Qué vas a tomar?
¿ˈke βas a toˈmař?

TOURISTS

Did you enjoy your day in Toledo yesterday?
did ju inˈdʒɔi jɔː ˈdei in təˈleidou ˈjestədi?

Did you enjoy seeing Madrid?
did ju inˈdʒɔi ˈsiːiŋ məˈdrid?

How long have you been in Spain?
ˈhau ˈlɔŋ hæv ju ˈbiːn in ˈspein?

Are you going to stay here long?
ə ju ˈgouiŋ tə ˈstei hiə ˈlɔŋ?

Have you ever been to Seville?
hæv ju ˈevə ˈbiːn tə səˈvil?

What European countries have you visited?
ˈwɔt juərəˈpiən ˈkʌntriz həv ju ˈvizitid?

SHOWING THE WAY

This way, please
ˈðis ˈwei, ˈpliːz

TURISTAS

¿Lo pasaste bien en Toledo ayer?
¿lo paˈsaste ˈβjen en toˈleðo aˈjer̄?

¿Te gustó Madrid?
¿te ɣusˈto maˈðr̄ið?

¿Cuánto tiempo hace que está usted en España?
¿ˈkwanto ˈtjempo aθe ke esˈta uste en esˈpaɲa?

¿Va usted a estar aquí mucho tiempo?
¿ba usˈteð a esˈtar aˈki ˈmutʃo ˈtjempo?

¿Ha estado usted alguna vez en Sevilla?
¿a esˈtaðo usˈteð alɣuna ˈβeθ en seˈβiʎa?

¿Qué países europeos ha visitado usted?
¿ke paˈises euroˈpeos a βisiˈtaðo usˈteð?

AL MOSTRAR EL CAMINO

Por aquí, por favor
por aˈki, por̄ faˈβor̄

This way, to the right ˈðis ˈwei, tə ðə ˈrait	*Por aquí, a la derecha* por aˈki, a la ðeˈretʃa
Go straight on ˈgou ˈstreit ˈɔn	*Siga derecho* ˈsiɣa ðeˈretʃo
You're going the wrong way juə ˈgouiŋ ðə ˈrɔŋ ˈwei	*Va usted mal* ˈba usˈteð ˈmal
You're going the right way juə ˈgouiŋ ðə ˈrait ˈwei	*Va usted bien* ˈba usˈteð ˈβjen
Turn to the left ˈtə:n tə ðə ˈleft	*Vuelva a la izquierda* ˈbwelβa a la iθˈkjer̄ða
Turn to the right ˈtə:n tə ðə ˈrait	*Vuelva a la derecha* ˈbwelβa a la ðeˈretʃa
Go along this street ˈgou əˈlɔŋ ðis ˈstri:t	*Vaya por esta calle* ˈbaja por esta ˈkaʎe
Cross over ˈkrɔs ˈouvə	*Cruce la calle* ˈkr̄uθe la ˈkaʎe
Go on until you come to Oxford Street ˈgou ˈɔn ʌntil ju ˈkʌm tu ˈɔksfəd stri:t[1]	*Siga hasta que llegue a la calle Oxford* ˈsiɣa asta ke ˈʎeɣe a la ˈkaʎe ˈɔksfəd
Go straight along this street ˈgou ˈstreit əlɔŋ ðis ˈstri:t	*Vaya derecho por esta calle* ˈbaja ðeˈretʃo por esta ˈkaʎe
Go right to the end of this street and then turn left ˈgou ˈrait tə ði ˈend əv ðis ˈstri:t ən ˈðen ˈtə:n ˈleft	*Vaya usted hasta el final de esta calle y entonces vuelva a la izquierda* ˈbaja usˈte asta el fiˈnal de esta ˈkaʎe j enˈtonθes ˈβwelβa a la iθˈkjer̄ða

[1] La palabra *street*, cuando va con un nombre, normalmente no lleva acento.

Ask that policeman the way to the station
ˈɑːsk ðæt pəˈliːsmən ðə ˈwei tə ðə ˈsteiʃən

Pregunta a ese guardia cómo se va a la estación
pr̄eˈɣunta a ese ˈɣwar̄ðia ˈkomo se ˈβa a la estaˈθjon

It isn't very far from here
it ˈizənt veri ˈfɑː frəm hiə

No está muy lejos de aquí
no esˈta mwi ˈlexos de aˈki

It's too far to walk; you'd better catch a bus
its ˈtuː ˈfɑː tu ˈwɔːk; juːd ˈbetə ˈkætʃ ə ˈbʌs

Está muy lejos para ir andando; mejor sería que tomase un autobús
esˈta mwi ˈlexos para ˈir anˈdando; meˈxor̄ seˈria ke toˈmase un autoˈβus

It's a least a mile away
its ət ˈliːst ə ˈmail əwei

Por lo menos está a una milla de distancia
por̄ lo ˈmenos esˈta a una ˈmiʎa ðe ðisˈtanθja

It's not far, only about 500 yards
its ˈnɔt ˈfɑː, ˈounli əbaut ˈfaiv hʌndrid ˈjɑːdz

No está lejos, solamente unas quinientas yardas
no esˈta ˈlexos, ˈsolamente unas kiˈnjentas ˈjar̄ðas

It's quite near here
its ˈkwait ˈniə hiə

Está muy cerca de aquí
esˈta mwi ˈθer̄ka ðe aˈki

The best thing is to go by bus
ðə ˈbest θiŋ iz tə ˈgou bai ˈbʌs

Lo mejor es tomar el autobús
lo meˈxor es toˈmar el autoˈβus

Once you are at... ask your way from there
ˈwʌns ju ər ət... ˈɑːsk jɔː ˈwei frəm ˈðɛə

Una vez que esté usted en... pregunte el camino desde allí
una ˈβeθ ke esˈte usˈteð en... pr̄eˈɣunte el kaˈmino ðesðe aˈʎi

It's the third turning on the left
its ðə ˈθəːd ˈtəːniŋ ɔn ðə ˈleft

Es la tercera bocacalle a la izquierda
es la teɾˈθera βokaˈkaʎe a la iθˈkjeɾða

It'll take about twenty minutes from here
itl ˈteik əbaut ˈtwenti ˈminits frəm ˈhiə

Desde aquí se tardará unos veinte minutos
desde aˈki se taɾðaˈra unos ˈβeinte miˈnutos

ASKING THE WAY

PARA PREGUNTAR EL CAMINO

Could you tell me the way to...?
kud ju ˈtel mi ðə ˈwei tu...?

¿Podría usted decirme por dónde se va a...?
¿poˈðɾia usˈteð ðeˈθiɾme poɾ ˈðonde se ˈβa a...?

I wonder if you could tell me the way to...?
ai ˈwʌndər if ju kəd ˈtel mi ðə ˈwei tu...?

¿Sería tan amable de decirme cómo se va a...?
¿seˈria tan aˈmaβle de deˈθiɾme ˈkomo se ˈβa a...?

Would you be so kind as to tell me the way to...?
wud jud bi sou ˈkaind əz tə ˈtel mi ðə ˈwei tu...?

¿Podría usted decirme por dónde se va a...?
¿poˈðɾia usˈteð ðeˈθiɾme poɾ ˈðonde se ˈβa a...?

Would you kindly tell me the way to...?
wud ju ˈkaindli ˈtel mi ðə ˈwei tu...?

¿Sería tan amable de decirme el camino a...?
¿seˈria tan aˈmaβle de deˈθiɾme el kaˈmino a...?

Am I right for...?
əm ai ˈrait fə...?

¿Voy bien por aquí a...?
¿boi ˈβjen por aˈki a...?

Is this the way to...?
iz ˈðis ðə ˈwei tu...?

¿Es éste el camino a...?
¿es ˈeste el kaˈmino a...?

Is this the right way to...?
iz ˈðis ðə ˈrait ˈwei tu...?

Can you direct me to...?
kən ju diˈrekt mi tu...?

Can you tell me the best way to get to...?
kən ju ˈtel mi ðə ˈbest ˈwei tə ˈget tu...?

Which is the shortest way to...?
ˈwitʃ iz ðə ˈʃɔːtist ˈwei tu...?

How far away is it?
ˈhau ˈfɑːr əˈwei ˈiz it?

How far is it from... to...?
ˈhau ˈfɑːr ˈiz it frəm... tu...?

How far away is...?
ˈhau ˈfɑːr əˈwei iz...?

Is... far from here?
iz... ˈfɑː frəm ˈhiə?

Is it very far?
iz it ˈveri ˈfɑː?

How long will it take me to get to...?
ˈhau ˈlɔŋ wil it ˈteik mi tə ˈget tu...?

I want to go to...
ai ˈwɔnt tə ˈgou tu...

¿Es éste el camino a...?
¿es ˈeste el kaˈmino a...?

¿Puede usted indicarme el camino a...?
¿ˈpweðe usˈte indiˈkar̄me el kaˈmino a...?

¿Puede decirme el mejor camino para ir a...?
¿ˈpweðe ðeˈθirme el meˈxor kaˈmino para ir a...?

¿Cuál es el camino más corto para ir a...?
¿ˈkwal es el kaˈmino ˈmas ˈkor̄to para ir a...?

¿A qué distancia está?
¿a ˈke ðisˈtanθja esˈta?

¿A qué distancia está... de...?
¿a ˈke ðisˈtanθja esˈta... ðe...?

¿A qué distancia está...?
¿a ˈke ðisˈtanθja esˈta...?

¿Está... lejos de aquí?
¿esˈta... ˈlexos ðe aˈki?

¿Está muy lejos?
¿esˈta mwi ˈlexos?

¿Cuánto tiempo tardaré en llegar a...?
¿ˈkwanto ˈtjempo tar̄ðaˈre en ʎeˈyar a...?

Quiero ir a...
ˈkjero ir a...

Will you tell me the way to...?
wil ju ′tel mi ðə ′wei tu...?

Would you tell me the way to...?
wud ju ′tel mi ðə ′wei tu...?

Would you mind telling me the way to...?
wud ju ′maind ′teliŋ mi ðə ′wei tu...?

Can you tell me where... is?
kən ju ′tel mi ′wɛə... iz?

Which bus must I take to go to...?
′witʃ ′bʌs məst ai ′teik tə ′gou tu...?

Which bus will take me there?
′witʃ ′bʌs wil ′teik mi ðɛə?

Does this bus go to...?
dəz ðis ′bʌs ′gou tu...?

Could I get there by bus?
kud ai ′get ðɛə bai ′bʌs?

How long does it take by bus?
′hau ′lɔŋ dəz it ′teik bai ′bʌs?

¿Quiere usted decirme el camino a...?
¿′kjere us′teð ðe′θirme el ka′mino a...?

¿Querría decirme el camino a...?
¿ke′ria ðe′θirme el ka′mino a...?

¿Le importaría decirme el camino a...?
¿le impor̄ta′ria ðe′θirme el ka′mino a...?

¿Puede usted decirme dónde está...?
¿′pweðe us′teð ðe′θirme ′ðonde es′ta...?

¿Qué autobús tengo que tomar para ir a...?
¿′ke auto′βus teŋgo ke to′mar̄ para ir a...?

¿Qué autobús va allí?
¿′ke auto′βus βa a′ʎi?

¿Va este autobús a...?
¿′ba este auto′βus a...?

¿Se puede ir en autobús?
¿se ′pweðe ir en auto′βus?

¿Cuánto se tarda en autobús?
¿′kwanto se ′tar̄ða en auto′βus?

81

How long will it take to get there?
/hau 'lɔŋ wil it 'teik tə 'get ðɛə?

¿Cuánto tiempo se tardará en llegar?
¿'kwanto 'tjempo se tar̄ða'ra en ʎe'ɣar̄?

WHEN YOU HEAR BAD NEWS

AL OIR UNA MALA NOTICIA

I'm sorry
aim 'sɔri

Lo siento
lo 'sjento

I'm sorry to hear that
aim 'sɔri tə 'hiə 'ðæt

¡Cuánto lo siento!
¡'kwanto lo 'sjento!

I'm so sorry!
aim sou 'sɔri!

¡Lo siento!
¡lo 'sjento!

I'm terribly sorry!
aim 'teribli 'sɔri!

¡Cuánto lo siento!
¡'kwanto lo 'sjento!

What awful news!
'wɔt 'ɔ:fəl 'nju:z!

¡Qué noticia tan desagradable!
¡'ke no'tiθja tan desaɣr̄a'ðaβle!

What a tragedy!
'wɔt ə 'trædʒədi!

¡Qué tragedia!
¡'ke tr̄a'xeðia!

What a terrible tragedy!
'wɔt ə 'teribl 'trædʒədi!

¡Qué terrible tragedia!
¡'ke te'r̄iβle tr̄a'xeðia!

What a pity!
'wɔt ə 'piti!

¡Qué lástima!
¡'ke 'lastima!

What a shame!
'wɔt ə 'ʃeim!

¡Qué lástima!
¡'ke 'lastima!

How sad!
'hau 'sæd!

¡Qué triste!
¡'ke 'tr̄iste!

It's a pity! its ə ˈpiti!	*¡Es una lástima!* ¡es una ˈlastima!
What bad luck! ˈwɔt ˈbæd ˈlʌk!	*¡Qué mala suerte!* ¡ˈke mala ˈswer̄te!
How did it happen? ˈhau did it ˈhæpən?	*¿Cómo ocurrió?* ¿ˈkomo okuˈr̄jo?

WHEN YOU HEAR GOOD NEWS
AL OIR UNA BUENA NOTICIA

I'm so glad! aim sou ˈglæd!	*¡Me alegro tanto!* ¡me aˈleɣr̄o ˈtanto!
I'm so glad to hear it! aim sou ˈglæd tə ˈhiər it!	*¡Me alegro tanto!* ¡me aˈleɣr̄o ˈtanto!
That is good news! ˈðæt ˈiz ˈgud ˈnju:z!	*¡Qué noticia tan estupenda!* ¡ˈke noˈtiθja tan estuˈpenda!

REQUEST
RUEGO

Please, do it ˈpli:z, ˈdu: it	*Por favor, hágalo* por̄ faˈβor̄, ˈaɣalo
Will you please do it? wil ju ˈpli:z ˈdu: it?	*¿Quiere hacerlo, por favor?* ¿ˈkjere aˈθer̄lo, por̄ faˈβor̄?
Would you kindly do it? wud ju ˈkaindli ˈdu: it?	*¿Sería usted tan amable de hacerlo?* ¿seˈria uste tan aˈmaβle ðe aˈθer̄lo?
Would you be so kind as to do it? wud ju bi sou ˈkaind əz tə ˈdu: it?	*¿Sería usted tan amable de hacerlo?* ¿seˈria uste tan aˈmaβle ðe aˈθer̄lo?

Would you kindly do it as soon as you can?
wud ju ′kaindli ′du: it əz ′su:n əz ju ′kæn?

¿Sería usted tan amable de hacerlo lo antes que pueda?
¿se′ria uste tan a′maβle ðe a′θer̄lo lo antes ke ′pweða?

Could you possibly do it, please?
kud ju ′pɔsibli ′du: it, ′pli:z?

¿Podría usted hacerlo, por favor?
¿po′ðr̄ia uste a′θer̄lo, poȓ fa′βor̄?

Would you do it for me?
wud ju ′du: it fə ′mi:?

¿Querría usted hacerlo por mí?
¿ke′r̄ia us′te a′θer̄lo poȓ ′mi?

I wonder if you would mind doing it for me
ai ′wʌndər if ju wud ′maind ′du:iŋ it fə ′mi:

¿Le importaría hacerlo por mí?
¿le impor̄ta′ria a′θer̄lo poȓ ′mi?

Would you mind doing it?
wud ju ′maind ′du:iŋ it?

¿Le importaría hacerlo?
¿le impor̄ta′ria a′θer̄lo?

I wonder if you would mind doing it
ai ′wʌndər if ju wud ′maind ′du:iŋ it

¿Le importaría hacerlo?
¿le impor̄ta′ria a′θer̄lo?

WHAT'S THE MATTER WITH YOU?

¿QUE TE PASA?

What's the matter with you?
′wɔts ðə ′mætə wið ju?

¿Qué te pasa?
¿′ke te ′pasa?

What's wrong?
′wɔts ′rɔŋ?

¿Qué te pasa?
¿′ke te ′pasa?

What's worrying you?
′wɔts ′wʌriiŋ ju?

¿Qué te preocupa?
¿′ke te pr̄eo′kupa?

Why are you so worried?
'wai ə ju sou 'wʌrid?

Don't worry
'dount 'wʌri

You look worried
ju 'luk 'wʌrid

You shouldn't worry
ju 'ʃudənt 'wʌri

You're not looking well
juə 'nɔt 'lukiŋ 'wel

How are you feeling today?
'hau ə ju 'fi:liŋ tə'dei?

Are you feeling better?
ə ju 'fi:liŋ 'betə?

Are you tired?
ə ju 'taiəd?

Are you feeling all right?
ə ju 'fi:liŋ 'ɔ:l 'rait?

¿Por qué estás tan preocupado?
¿poɾ 'ke es'tas tam pɾeoku'pað̞o?

No te preocupes
no te pɾeo'kupes

Pareces preocupado
pa'reθes pɾeoku'pað̞o

No deberías preocuparte
no ð̞eβe'rias pɾeoku'paɾte

No tienes buen aspecto
no 'tjenes 'βwen as'pegto

¿Cómo te encuentras hoy?
¿'komo te eŋ'kwentɾas 'oi?

¿Te sientes mejor?
¿te 'sjentes me'xoɾ?

¿Estás cansado?
¿es'tas kan'sado?

¿Te sientes bien?
¿te 'sjentes 'βjen?

ACCEPTING

AL ACEPTAR

Yes
jes

Yes, please[1]
'jes, 'pli:z

Sí
si

Sí, por favor
'si, poɾ fa'βoɾ

---

[1] *Yes, please* es la frase que se emplea cuando se acepta algo que se ofrece. Lo contrario es *No, thank you*, para rehusar.

Just a little, please
ˈdʒʌst ə ˈlitl, ˈpliːz

Solamente un poco, por favor
ˈsolamente um ˈpoko, poɾ faˈβoɾ

Just a little more, please
ˈdʒʌst ə ˈlitl ˈmɔː, ˈpliːz

Solamente un poco más, por favor
ˈsolamente um poko ˈmas, poɾ faˈβoɾ

That's very kind of you
ˈðæts ˈveri ˈkaind əv ju

Es usted muy amable
es usˈteð mwi aˈmaβle

THINKING WHAT YOU ARE GOING TO SAY

AL PENSAR LO QUE SE VA A DECIR

Well...
wel...

Pues...
pwes...

The thing is...
ðə ˈθiŋ iz...

Es caso es...
el kaso es...

The matter is...
ðə ˈmætər iz...

El caso es...
el ˈkaso es...

Let me see...
ˈlet mi ˈsi...

Vamos a ver...
ˈbamos a ˈβeɾ...

Let's see...
ˈlets ˈsiː...

Vamos a ver...
ˈbamos a ˈβeɾ...

Let me think...
ˈlet mi ˈθiŋk...

Vamos a ver...
ˈbamos a ˈβeɾ...

Just a moment...!
ˈdʒʌst ə ˈmoumənt...!

¡Un momento...!
¡un moˈmento...!

Just a minute...!
ˈdʒʌst ə ˈminit...!

¡Un momento...!
¡un moˈmento...!

Wait a minute...!
ˈweit ə ˈminit...!

¡Un momento...!
¡un moˈmento...!

GIVING ADVICE

You shouldn't do it
ju 'ʃudənt 'du: it

You shouldn't do it that way
ju 'ʃudənt 'du: it ðæt 'wei

You'd better not do it that way
ju:d 'betə 'nɔt 'du: it ðæt 'wei

If I were you I wouldn't do it that way
if 'ai wə ju ai 'wudənt 'du: it 'ðæt 'wei

I don't think you'd better do it now
ai 'dount 'θiŋk ju:d 'betə 'du: it 'nau

You'd better mind what you say
ju:d 'betə 'maind wɔt ju 'sei

HOW DID YOU LIKE IT?

Did you like it?
did ju 'laik it?

How did you like it?
'hau did ju 'laik it?

PARA ACONSEJAR

No deberías hacerlo
no ðeβe'rias a'θer̄lo

No deberías hacerlo de esa manera
no ðeβe'rias a'θer̄lo ðe esa ma'nera

Sería mejor que no lo hiciera así
se'ria me'xor̄ ke no lo i'θjera a'si

Si estuviera en su lugar no lo haría así
si estu'βjera en su lu'ɣar̄ no lo a'ria a'si

No creo que sería conveniente hacerlo ahora
no 'kr̄eo ke se'ria kombe'njente a'θer̄lo a'ora

Sería mejor que pensaras lo que dices
se'ria me'xor̄ ke pen'saras lo ke 'ðiθes

¿QUE TE PARECIO?

¿Te gustó?
¿te ɣus'to?

¿Qué te pareció?
¿'ke te pare'θjo?

87

Did you have a good time?
did ju ˈhæv ə ˈgud ˈtaim?

¿Te divertiste?
¿te ðiβeř'tiste?

Did you enjoy it?
did ju inˈdʒɔi it?

¿Te divertiste?
¿te ðiβeř'tiste?

Have you had a good time?
həv ju ˈhæv ə ˈgud ˈtaim?

¿Te has divertido?
¿te as ðiβeř'tiðo?

How did you enjoy it?
ˈhau did ju inˈdʒɔi it?

¿Cómo lo pasaste?
¿ˈkomo lo paˈsaste?

Did you enjoy yourself?
did ju inˈdʒɔi jɔːself?

¿Lo pasaste bien?
¿lo paˈsaste ˈβjen?

Was it nice?
wəz it ˈnais?

¿Era bonito?
¿era βoˈnito?

Was it good?
wəz it ˈgud?

¿Estaba bien?
¿esˈtaβa ˈβien?

TRYING TO REMEMBER

AL TRATAR DE RECORDAR

I can't remember
ai ˈkɑːnt riˈmembə

No me puedo acordar
no me ˈpweðo akoř'ðař

I don't remember
ai ˈdount riˈmembə

No me acuerdo
no me aˈkweřðo

I've forgotten it
aiv fəˈgɔtən it

Se me ha olvidado
se me a olβiˈðaðo

I have it on the tip of my tongue
ai ˈhæv it ɔn ðə ˈtip əv mai ˈtʌŋ

Lo tengo en la punta de la lengua
lo ˈteŋgo en la ˈpunta ðe la ˈleŋgwa

It's on the tip of my tongue
its ɔn ðə 'tip əv mai 'tʌŋ

Lo tengo en la punta de la lengua
lo 'teŋgo en la 'punta ðe la 'leŋgwa

Don't tell me you've forgotten it
'dount 'tel mi ju:v fə'gɔtən it

No me digas que se te ha olvidado
no me 'ðiɣas ke se te a olβi'ðaðo

It has just slipped my memory
it əz 'dʒʌst 'slipt mai 'meməri

Se me acaba de ir de la memoria
se me a'kaβa ðe 'ir̄ ðe la me'moria

Think hard
'θiŋk 'hɑːd

Haz un esfuerzo para acordarte
'aθ un es'fwer̄θo para akor̄'ðar̄te

I've got it!
aiv 'gɔt it!

¡Ya lo tengo!
¡ja lo 'teŋgo!

SPEAKING ABOUT THE WEATHER

PARA HABLAR DEL TIEMPO

It's hot
its 'hɔt

Hace calor
aθe ka'lor̄

It's very hot
its 'veri 'hɔt

Hace mucho calor
aθe 'mutʃo ka'lor̄

It's quite hot
its 'kwait 'hɔt

Hace mucho calor
aθe 'mutʃo ka'lor̄

It's cold
its 'kould

Hace frío
aθe 'fr̄io

It's very cold
its 'veri 'kould

Hace mucho frío
aθe 'mutʃo 'fr̄io

It's quite cold
its ˈkwait ˈkould

Hace mucho frío
aθe ˈmutʃo ˈfr̄io

It's hot, isn't it?
its ˈhɔt, ˈizənt it?

Hace calor, ¿eh?
aθe kaˈlor̄, ¿e?

How hot!
ˈhau ˈhɔt!

¡Qué calor!
¡ˈke kaˈlor̄!

How cold!
ˈhau ˈkould

¡Qué frío!
¡ˈke ˈfr̄io!

The weather is getting colder
ðə ˈweðər iz ˈgetiŋ ˈkouldə

Va a hacer más frío
ba a aˈθer̄ mas ˈfr̄io

It's beginning to get quite cold
its biˈginiŋ tə get ˈkwait ˈkould

Está empezando a hacer bastante frío
esˈta empeˈθando a aˈθer̄ βasˈtante ˈfr̄io

It's raining
its ˈreiniŋ

Está lloviendo
esˈta ʎoˈβjendo

It's raining hard
its ˈreiniŋ ˈhɑːd

Llueve mucho
ˈʎweβe ˈmutʃo

It's pouring
its ˈpɔːriŋ

Llueve a cántaros
ˈʎweβe a ˈkantaros

It's raining rather hard
its ˈreiniŋ ˈrɑːðə ˈhɑːd

Llueve bastante
ˈʎweβe βasˈtante

I think it's going to rain
ai ˈθiŋk its ˈgouiŋ tə ˈrein

Me parece que va a llover
me paˈreθe ke βa a ʎoˈβer̄

It looks like rain
it ˈluks laik ˈrein

Parece que va a llover
paˈreθe ke βa a ʎoˈβer̄

Let's hope it will stop raining soon
ˈlets ˈhoup it wil ˈstɔp ˌreiniŋ ˈsuːn

Esperemos que deje pronto de llover
espeˈremos ke ˈðexe ˈpr̄onto de ʎoˈβer̄

It's been pouring for hours
its bin ′pɔ:riŋ fər ′auəz¹

Hace horas que está lloviendo a cántaros
aθe ′oras ke es′ta ʎo′βjendo a ′kantaros

What a downpour!
′wɔt ə ′daunpɔ:!

¡Qué chaparrón!
¡′ke tʃapa′r̄on!

Let's hope it won't go on raining all day
′lets ′houp it ′wount gou ′ɔn ′reiniŋ ′ɔ:l ′dei

Esperemos que no continúe lloviendo todo el día
espe′remos ke no konti′nue ʎo′βjendo toðo el ′ðia

I think we shall have fine weather; it has left off raining now
ai ′θiŋk wi ʃəl hæv ′fain ′weðə; it həz ′left ′ɔf ′reiniŋ ′nau

Me parece que tendremos buen tiempo; ya ha dejado de llover
me pa′reθe ke ten′d̄remos ′βwen tjempo; ja a ðe′xaðo ðe ʎo′βer̄

What nasty weather!
′wɔt ′nɑ:sti ′weðə!

¡Qué tiempo tan infame!
¡′ke ′tjempo tan im′fame!

It's snowing
its ′snouiŋ

Está nevando
es′ta ne′βando

I wish the sun would come out!
ai ′wiʃ ðə ′sʌn wud ′kʌm ′aut!

¡Ojalá salga el sol!
¡oxa′la ′salɣa el ′sol!

I wish it was fine weather!
ai ′wiʃ it wəz ′fain ′weðə!

¡Ojalá haga buen tiempo!
¡oxa′la aɣa ′βwen ′tjempo!

What a lovely day!
′wɔt ə ′lʌvli ′dei!

¡Qué día tan hermoso!
¡′ke ′ðia tan er̄′moso!

What fine weather!
′wɔt ′fain ′weðə!

¡Qué tiempo tan hermoso!
¡′ke ′tjempo tan er̄′moso!

---

[1] También (′aəz).

It's very fine weather!
its ˈveri fain ˈweðə!

¡Hace un tiempo magnífico!
¡aθe un ˈtjempo magˈnifiko!

The weather is very fine
ðə ˈweðər iz ˈveri ˈfain

El tiempo es hermoso
el ˈtjempo es eɾˈmoso

The sun's shining
ðə ˈsʌnz ˈʃainiŋ

Ha salido el sol
a saˈliðo el ˈsol

It's sunny
its ˈsʌni

Hace sol
ˈaθe ˈsol

It seems like a fine day
it ˈsi:mz laik ə ˈfain ˈdei

Parece que va a hacer un buen día
paˈreθe ke βa a aˈθer um bwen ˈdia

The weather is getting warmer
ðə ˈweðər iz ˈgetiŋ ˈwɔ:mə

Está haciendo más calor
esˈta aˈθjendo mas kaˈloɾ

The weather will get better tomorrow
ðə ˈweðə wil get ˈbetə təˈmɔrou

El tiempo mejorará mañana
el ˈtjempo mexoraˈra maˈɲana

I hope it will keep fine
ai ˈhoup it wil ˈki:p ˈfain

Espero que seguirá haciendo buen tiempo
esˈpero ke seɣiˈra aˈθjendo βwen ˈtjempo

It has turned quite warm again
it əz ˈtə:nd ˈkwait ˈwɔ:m əgein

Ha vuelto a hacer calor otra vez
a ˈβwelto a aθeɾ kaˈlor otɾa ˈβeθ

It looks like being another hot day
it ˈluks laik ˈbi:iŋ əˈnʌðə ˈhɔt ˈdei

Parece que vamos a tener otro día de calor
paˈreθe ke βamos a teˈner otɾo ˈðia ðe kaˈloɾ

APPEARANCE

What's your brother like?
ˈwɔts jɔː ˈbrʌðə ˈlaik?

He's dark. He's got brown eyes
hiːz ˈdɑːk. hiːz gɔt ˈbraun ˈaiz

What's your sister like?
ˈwɔts jɔː ˈsistə ˈlaik?

She's tall. She's got long hair
ʃiːz ˈtɔːl. ʃiːz gɔt ˈlɔŋ ˈhɛə

AT THE RESTAURANT

What would you like?
ˈwɔt wud ju ˈlaik?

I'll have the fixed meal
ail hæv ðə ˈfikst ˈmiːl

Anything to drink?
ˈeniθiŋ tə ˈdriŋk?

I'll have a beer
ail hæv ə ˈbiə

Would you like a sweet?
wud ju ˈlaik ə ˈswiːt?

I'll have some cheese
ail ˈhæv səm ˈtʃiːz

ASPECTO FISICO

¿Cómo es tu hermano?
¿ˈkomo es tweɾˈmano?

Es moreno. Tiene los ojos castaños
es moˈreno. ˈtjene los ˈoxos kasˈtaɲos

¿Cómo es tu hermana?
¿ˈkomo es tweɾˈmana?

Es alta. Tiene el pelo largo
es ˈalta. ˈtjene el ˈpelo ˈlaɾɣo

EN EL RESTAURANTE

¿Qué va a tomar?
ˈke βa a toˈmaɾ?

Tomaré el cubierto
tomaˈre el kuˈβjeɾto

¿Y para beber?
¿i para βeˈβeɾ?

Tomaré cerveza
tomaˈre θeɾˈβeθa

¿Va a tomar postre?
¿ba a toˈmaɾ ˈpostɾe?

Tomaré queso
tomaˈre ˈkeso

THE TELEPHONE

Who's calling, please?
ˈhuːz ˈkɔːliŋ, ˈpliːz?

Is that you, Jean?
iz ˈðæt ˈjuː, ˈdʒiːn?

Yes, who is it, please?
ˈjes, ˈhuː iz it, ˈpliːz?

It's me, Paul
its ˈmiː, ˈpɔːl

Hullo, this is Peter Jones here. Can I speak to Tony Smith, please?
hʌˈlou, ˈðis iz ˈpiːtə ˈdʒounz hiə. kæn ai ˈspiːk tə ˈtouni ˈsmiθ, ˈpliːz?

AT THE HOTEL

I'd like to book a room, please
aid ˈlai tə ˈbuk ə ˈrum, ˈpliːz

Double or single?
ˈdʌbl ɔː ˈsiŋgl!

Single, please
ˈsiŋgl, ˈpliːz

For how long?
fə ˈhau ˈlɔŋ?

For two nights
fə ˈtuː ˈnaits

EL TELEFONO

¿De parte de quién?
¿de ˈpaṝte ðə ˈkjen?

¿Eres tú, Jean?
¿ˈeres ˈtu, ˈdʒiːn?

Sí, ¿quién llama?
ˈsi, ¿ˈkjen ʎama?

Soy yo, Paul
ˈsoi ˈjo, ˈpɔːl

Soy Peter Jones. ¿Puedo hablar con Tony Smith, por favor?
ˈsoi ˈpiːtə ˈdʒounz. ¿ˈpweðo aˈβlaṝ kon ˈtouni ˈsmiθ, poṝ faˈβoṝ?

EN EL HOTEL

Quiero reservar una habitación
ˈkjero ṝeseṝˈβaṝ una aβitaˈθjon

¿Doble o individual?
¿ˈdoβle o indiβiðuˈal?

Individual
indiβiðuˈal

¿Para cuánto tiempo?
¿para ˈkwanto ˈtjempo?

Para dos noches
para ˈðos ˈnotʃes

Have you any rooms vacant?
hæv ju ˈeni ˈrumz ˈveikənt?

What's the price for bed and breakfast?
ˈwɔts ðə ˈprais fə ˈbed ən ˈbrekfəst?

Can I have dinner?
kæn ai ˈhæv ˈdinə?

Can I be called at eight o'clock?
kæn ai bi ˈkɔːld ət ˈeit əklɔk?

¿Tiene una habitación libre?
¿ˈtjene una aβitaˈθjɔn ˈliβr̄e?

¿Cuánto cobran por alojamiento y desayuno?
¿ˈkwanto ˈkoβr̄an por aloxaˈmjento i ðesaˈjuno?

¿Se puede cenar?
¿se ˈpwede θeˈnar̄?

¿Me pueden llamar a las ocho?
¿me ˈpweden ʎaˈmar a las ˈotʃo?

CATCHING A TRAIN

AL TOMAR UN TREN

When will the train to... leave?
ˈwen wil ðə ˈtrein tu... ˈliːv?

What time's the next train
ˈwɔt ˈtaimz ðə ˈnekst ˈtrein?

There's a train at ten
ðɛəz ə ˈtrein ət ˈten

Can you tell me about the trains to...?
kæn ju ˈtel mi əbaut ðə ˈtreinz tu...?

I'd like a ticket to..., please
aid ˈlaik ə ˈtikit tu..., pliːz

¿Cuándo sale el tren para...?
ˈkwando ˈsale el ˈtr̄en para...?

¿A qué hora es el próximo tren?
¿a ˈke ˈora es el ˈpr̄ogsimo ˈtr̄en?

Hay un tren a las diez
ai un tr̄en a las ðjˈeθ

¿Puede informarme sobre los trenes a...?
¿ˈpweðe infor̄ˈmar̄me soβr̄e los ˈtr̄enes a...?

Quiero un billete para..., por favor
ˈkjero um biˈʎete para..., por̄ faˈβor̄

Single or return?
ˈsiŋgl ɔ: riˈtə:n?

¿De ida o de ida y vuelta?
¿de ˈiða o ðə iða i βwelta?

How long will the journey take?
ˈhau ˈlɔŋ wil ðə ˈdʒə:ni ˈteik?

¿Cuánto dura el viaje?
¿ˈkwanto ˈðura el ˈβjaxe?

THE THEATRE

I'd like to book two seats for The Mikado
aid ˈlaik tə ˈbuk ˈtu: ˈsi:ts fə ðə miˈkɑ:dou

Quiero reservar dos butacas para El Mikado
ˈkjero r̄eseīˈβar̄ ðos βuˈtakas para el miˈkado

For when?
fə ˈwen?

¿Para cuándo?
¿para ˈkwando?

What about next Friday?
ˈwɔt əbaut ˈnekst ˈfraidi?

¿Tiene para el viernes?
¿tjene para el ˈβjer̄nes?

I can give you two seats in row 6
ai kən ˈgiv ju ˈtu: ˈsi:ts in ˈrou ˈsiks

Le puedo dar dos butacas en la fila 6
le ˈpweðo ðar̄ ˈðos βuˈtakas en la ˈfila ˈseis

That'll be fine, thank you
ˈðætl bi ˈfain, ˈθæŋk ju

Muy bien, gracias
mwi ˈβjen, ˈɣr̄aθias

PREFERENCES

I prefer tea to coffee
ai priˈfə: ˈti: tə ˈkɔfi

Prefiero el té al café
pr̄eˈfjero el ˈte al kaˈfe

Which do you prefer, whisky or sherry?
ˈwitʃ du ju priˈfə:, ˈwiski ɔ: ˈʃeri?

¿Qué prefiere, whisky o jerez?
¿ke pr̄eˈfjere, ˈwiski o xeˈreθ?

I'd prefer to go shopping
aid pri′fə: tə ′gou ′ʃɔpiŋ

I'd prefer not to stay here
aid pri′fə: ′nɔt tə ′stei hiə

I'd rather go out
aid ′rɑ:ðə ′gou ′aut

I'd rather not stay here
aid ′rɑ:ðə ′nɔt ′stei hiə

SHOPPING

May I help you?
′mei ai ′help ju?

What can I do for you?
′wɔt kən ai ′du: fə ju?

I'd like a postcard, please
aid ′laik ə ′poustkɑ:d, ′pli:z

May I have two 1 p stamps?
′mei ai hæv ′tu: ′wʌn peni ′stæmps?

Can I have a bar of soap?
′kæn ai hæv ə ′bɑ:r əv ′soup?

What sort of thing are you looking for?
′wɔt ′sɔ:t əv ′θiŋ ə ju ′lukiŋ fɔ:?

How much is it?
′hau ′mʌtʃ iz it?

Preferiría ir de compras
p̄referi′ria ī̄r ðə ′kompr̄as

Preferiría no quedarme aquí
p̄referi′ria no ke′ðar̄me a′ki

Preferiría salir
p̄referi′ria sa′līr

Preferiría no quedarme aquí
p̄referi′ria no ke′ðar̄me a′ki

DE COMPRAS

¿En qué puedo servirle?
¿en ′ke ′pweðo ser̄′βir̄le?

¿En qué puedo servirle?
¿en ′ke ′pweðo ser̄′βir̄le?

Quiero una tarjeta postal
′kjero una tar̄′xeta pos′tal

¿Me da dos sellos de un penique?
¿me da ðos ′seʎos ðe un pe′nike?

¿Me da una pastilla de jabón?
¿me da una pas′tiʎa ðe xa′βon?

¿Qué es lo que está usted buscando?
¿ke es lo ke es′ta us′te βus′kando?

¿Cuánto cuesta?
¿kwanto kwesta?

May I have a receipt?
'mei ai hæv ə ri'si:t?

¿Me da un recibo?
¿me ða un r̄e'θiβo?

GENERAL QUESTIONS

PREGUNTAS GENERALES

¿What?
wɔt?

¿Qué?
¿ke?

Who?
hu:?

¿Quién?
¿kjen?

Which one?
'witʃ wʌn?

¿Cuál?
¿kwal?

Where?
wɛə?

¿Dónde?
¿'donde?

Where to?
'wɛə tu?

¿Adónde?
¿a'ðonde?

Where is it?
'wɛər 'iz it?

¿Dónde está?
¿'donde es'ta?

When?
wen?

¿Cuándo?
¿'kwando?

Why?
wai?

¿Por qué?
¿por̄ 'ke?

Why not?
'wai 'nɔt?

¿Por qué no?
¿por̄ 'ke 'no?

How?
hau?

¿Cómo?
¿'komo?

How much?
'hau 'mʌtʃ?

¿Cuánto?
¿'kwanto?

How much is it?
ˈhau ˈmʌtʃ iz it?

How many?
ˈhau ˈmeni?

How far is it?
ˈhau ˈfɑːr iz it?

Whose turn is it?
ˈhuːz ˈtəːn iz it?

Whose fault is it?
ˈhuːz ˈfɔːlt iz it?

How often?
ˈhau ˈɔfən?

How long?
ˈhau ˈlɔŋ?

Who for?
ˈhuː fɔː?

What for?
ˈwɔt fɔː?

What with?
ˈwɔt wið?

What's this for?
ˈwɔts ˈðis fɔː?

Which way?
ˈwitʃ ˈwei?

What's is about?
ˈwɔts it əˈbaut?

What else?
ˈwɔt ˈels?

¿Cuánto es?
¿ˈkwanto ˈes?

¿Cuántos?
¿ˈkwantos?

¿Cómo está de lejos?
¿ˈkomo esta ðe ˈlexos?

¿A quién le toca?
¿a ˈkjen le ˈtoka?

¿Quién tiene la culpa?
¿ˈkjen ˈtjene la ˈkulpa?

¿Cada cuánto tiempo?
¿ˈkaða ˈkwanto ˈtjempo?

¿Cuánto tiempo?
¿ˈkwanto ˈtjempo?

¿Para quién?
¿para ˈkjen?

¿Para qué?
¿para ˈke?

¿Con qué?
¿kon ˈke?

¿Para qué es esto?
¿para ˈke es ˈesto?

¿Por dónde?
¿poɾ ˈðonde?

¿De qué se trata?
¿de ˈke se ˈtɾata?

¿Qué más?
¿ˈke ˈmas?

What colour?
ˈwɔt ˈkʌlə?

¿De qué color?
¿de ˈke koˈloř?

What size?
ˈwɔt ˈsaiz?

¿De qué tamaño?
¿de ˈke taˈmaɲo?

What's it like?
ˈwɔts it ˈlaik?

¿Cómo es?
¿ˈkomo ˈes?

What's this?
ˈwɔts ðis?

¿Qué es esto?
¿ˈke es ˈesto?

What is it?
ˈwɔt ˈiz it?

¿Qué es?
¿ˈke ˈes?

What does it look like?
ˈwɔt dəz it ˈluk ˈlaik?

¿Qué aspecto tiene?
¿ˈke asˈpegto ˈtjene?

What about that?
ˈwɔt əbaut ˈðæt?

¿Qué hay de eso?
¿ˈke ai ðe ˈeso?

What's the time?
ˈwɔts ðə ˈtaim?

¿Qué hora es?
¿ˈke ˈora ˈes?

What time is it?
ˈwɔt ˈtaim iz it?

¿Qué hora es?
¿ˈke ˈora ˈes?

What d'you say?
ˈwɔt dju ˈsei?

¿Qué dice usted?
¿ˈke ˈðiθe usˈteð?

What does this mean?
ˈwɔt dəz ˈðis ˈmi:n?

¿Qué significa eso?
¿ˈke signiˈfika ˈeso?

Whose is this?
ˈhu:z iz ˈðis?

¿De quién es esto?
¿de ˈkjen es ˈesto?

Whose is it?
ˈhu:z ˈiz it?

¿De quién es?
¿de ˈkjen ˈes?

What's the matter?
ˈwɔts ðə ˈmætə?

¿Qué ocurre?
¿ˈke oˈkuře?

What's wrong?
ˈwɔts ˈrɔŋ?

¿Qué ocurre?
¿ˈke oˈkur̄e?

SENSATIONS

SENSACIONES

I'm cold
aim ˈkould

Tengo frío
ˈteŋgo ˈfr̄io

I'm hot
aim ˈhɔt

Tengo calor
ˈteŋgo kaˈlor̄

I'm hungry
aim ˈhʌŋgri

Tengo hambre
ˈteŋgo ˈambr̄e

I'm thirsty
aim ˈθəːsti

Tengo sed
ˈteŋgo ˈseð

I'm sleepy
aim ˈsliːpi

Tengo sueño
ˈteŋgo ˈsweɲo

I'm tired
aim ˈtaiəd

Estoy cansado
esˈtoi kanˈsaðo

I'm well
aim ˈwel

Estoy bien
esˈtoi ˈβjen

I'm not feeling well
aim ˈnɔt ˈfiːliŋ ˈwel

No me encuentro bien
no me eŋˈkwentro ˈβjen

I'm better
aim ˈbetə

Estoy mejor
esˈtoi meˈxor̄

I'm worse
aim ˈwəːs

Estoy peor
esˈtoi peˈor̄

I'm bored
aim ˈbɔːd

Estoy aburrido
esˈtoi aβuˈr̄iðo

I'm glad
aim ˈglæd

Estoy contento
esˈtoi konˈtento

I'm sad
aim ′sæd

Estoy triste
es′toi ′tṝiste

I'm ill
aim ′il

Estoy enfermo
es′toi em′feṝmo

I'm all right
aim ′ɔ:l ′rait

Estoy perfectamente
es′toi peṝ′fegtamente

I'm worried
aim ′wʌrid

Estoy preocupado
es′toi pṝeoku′paðo

I'm worn out
aim ′wɔ:n ′aut

Estoy agotado
es′toi aɣo′taðo

I'm pleased
aim ′pli:zd

Estoy satisfecho
es′toi satis′fetʃo

I'm happy
aim ′hæpi

Soy feliz
soi fe′liθ

EXPRESSIONS

EXPRESIONES

At present
ət ′prezənt

Actualmente
aɡ′twalmente

On purpose
ɔn ′pə:pəs

Adrede
a′ðṝeðe

Down there
′daun ′ðɛə

Ahí abajo
a′i a′βaxo

Up there
′ʌp ′ðɛə

Ahí arriba
a′i a′ṝiβa

In there
′in ′ðɛə

Ahí dentro
a′i ðentṝo

Out there
′aut ′ðɛə

Ahí fuera
a′i ′fwera

Just now
ˈdʒʌst ˈnau

Ahora mismo
aˈora ˈmismo

On and off
ˈɔn ənd ˈɔf

A intervalos
a inter̄ˈβalos

To the right[1]
tə ðə ˈrait

A la derecha
a la ðeˈretʃa

On the right[2]
ɔn ðə ˈrait

A la derecha
a la ðeˈretʃa

To the left[1]
tə ðə ˈleft

A la izquierda
a la iθˈkjer̄ða

On the left[2]
ɔn ðə ˈleft

A la izquierda
a la iθˈkjer̄ða

At nine
ət ˈnain

A las nueve
a las ˈnweβe

Up-to-date
ˈʌp tə ˈdeit

Al día
al ˈdia

At the end
ət ði ˈend

Al final
al fiˈnal

At the same time
ət ðə ˈseim ˈtaim

Al mismo tiempo
al ˈmismo ˈtjempo

On which
ɔn ˈwitʃ

A lo cual
a lo ˈkwal

At the beginning
ət ðə biˈginiŋ

Al principio
al pr̄inˈθipjo

---

[1] Con movimiento.
[2] Sin movimiento.

On the phone ɔn ðə ˈfoun	***Al teléfono*** al teˈlefono
Last night ˈlɑ:st ˈnait	***Anoche*** aˈnotʃe
The day before yesterday ðə ˈdei biˈfɔ: ˈjestədi	***Anteayer*** anteaˈjer̄
All the same ˈɔ:l ðə ˈseim	***A pesar de todo*** a peˈsar̄ ðe ˈtoðo
On foot ɔn ˈfut	***A pie*** a ˈpje
By the way bai ðə ˈwei	***A propósito*** a pr̄oˈposito
In here ˈin ˈhiə	***Aquí dentro*** aˈki ˈðentr̄o
Up here ˈʌp ˈhiə	***Aquí arriba*** aˈki aˈr̄iβa
Out here ˈaut ˈhiə	***Aquí fuera*** aˈki ˈfwera
Down here ˈdaun ˈhiə	***Aquí abajo*** aˈki aˈβaxo
As well as əz ˈwel əz	***Así como*** aˈsi ˈkomo
In time in ˈtaim	***A tiempo*** a ˈtjempo
Well and good ˈwel ənd ˈgud	***Bien está*** ˈbjen esˈta
The wrong way up ðə ˈrɔŋ ˈwei ˈʌp	***Boca abajo*** ˈboka aˈβaxo

Upside down
ˈʌpsaid ˈdaun

The right way up
ðə ˈrait ˈwei ˈʌp

Nearly always
ˈniəli ˈɔːlwiz

As usual
əz ˈjuːʒuəl

In a hurry
in ə ˈhʌri

Any way
ˈeni ˈwei

In this way
in ˈðis ˈwei

In fact
in ˈfækt

By no means
bai ˈnou ˈmiːnz

At night
ət ˈnait

On leave
ɔn ˈliːv

All at once
ˈɔːl ət ˈwʌns

Of course
əv ˈkɔːs

After all
ˈɑːftər ˈɔːl

Boca abajo
ˈboka aˈβaxo

Boca arriba
ˈboka aˈr̄iβa

Casi siempre
kasi ˈsjempr̄e

Como siempre
komo ˈsjempr̄e

Con prisa
kom ˈpr̄isa

De cualquier manera
de kwalˈkjer̄ maˈnera

De esta manera
de esta maˈnera

De hecho
de ˈetʃo

De ninguna manera
de niŋˈguna maˈnera

De noche
de ˈnotʃe

De permiso
de per̄ˈmiso

De repente
de r̄eˈpente

Desde luego
desðe ˈlweɣo

Después de todo
desˈpwes ðe ˈtoðo

By all means
bai 'ɔ:l 'mi:nz

Once and for all
'wʌns ənd fər 'ɔ:l

From time to time
frəm 'taim tə 'taim

Day by day
'dei bai 'dei

Twice a week
'twais ə 'wi:k

Twice a day
'twais ə 'dei

For a long time
fər ə 'lɔŋ 'taim

Some day or other
'sʌm 'dei ɔ:r 'ʌðə

On Monday
ɔn 'mʌndi

By bus
bai 'bʌs

By plane
bai 'plein

By air
bai 'ɛə

By boat
bai 'bout

On a bicycle
ɔn ə 'baisikl

De todos modos
de 'toðos 'moðos

De una vez para siempre
de una 'βeθ para 'sjempre̅

De vez en cuando
de 'βeθ en 'kwando

Día a día
'dia a 'ðia

Dos veces a la semana
'dos 'βeθes a la se'mana

Dos veces al día
'dos 'βeθes al 'dia

Durante mucho tiempo
du'rante 'mutʃo 'tjempo

El día menos pensado
el 'dia 'menos pen'saðo

El lunes
el 'lunes

En autobús
en auto'βus

En avión
en aβi'on

En avión
en aβi'on

En barco
em 'ba̅rko

En bicicleta
em biθi'kleta

At home
ət ˈhoum

En casa
en ˈkasa

By car
bai ˈkɑ:

En coche
en ˈkotʃe

At any time
ət ˈeni ˈtaim

En cualquier momento
en kwalˈkjer̄ moˈmento

In future
in ˈfju:tʃə

En el futuro
en el fuˈturo

At present
ət ˈprezənt

En la actualidad
en la agtwaliˈðað

In the first place
in ðə ˈfə:st ˈpleis

En primer lugar
em priˈmer̄ luˈɣar̄

At once
ət ˈwʌns

En seguida
en seˈɣiða

In any case
in ˈeni ˈkeis

En todo caso
en ˈtoðo ˈkaso

In all
in ˈɔ:l

En total
en toˈtal

By train
bai ˈtrein

En tren
en ˈtr̄en

Once upon a time...
ˈwʌns əpɔn ə ˈtaim...

Erase una vez...
ˈerase una ˈβeθ...

That's the point
ˈðæs ðə ˈpɔint

Ese es el caso
ˈese es el ˈkaso

Tonight
təˈnait

Esta noche
ˈesta ˈnotʃe

Thanks to...
ˈθæŋks tu...

Gracias a...
ˈɣr̄aθjas a...

107

A long time ago
ə'lɔŋ 'taim ə'gou

Time is up
'taim iz 'ʌp

It's time now
its 'taim 'nau

Up to the present
'ʌp tə ðə 'prezənt

In a way
in ə̗ 'wei

Up to this day
'ʌp tə ðis 'dei

Until today
ʌn'til tə'dei

Nowadays
'nauədeiz

Last week
'lɑ:st 'wi:k

Next week
'nekst 'wi:k

At the latest
ət ðə 'leitist

At the earliest
ət ði 'ə:liəst

The same as...
ðə 'seim əz...

Hace mucho tiempo
'aθe 'mutʃo 'tjempo

Ha llegado la hora
a ʎe'ɣaðo la 'ora

Ha llegado la hora
a ʎe'ɣaðo la 'ora

Hasta ahora
'asta a'ora

Hasta cierto punto
asta 'θjer̄to 'punto

Hasta el día de hoy
asta el 'dia ðe 'oi

Hasta el día de hoy
asta el 'dia ðe 'oi

Hoy en día
'oi en 'dia

La semana pasada
la se'mana pa'saða

La semana que viene
la se'mana ke 'βjene

Lo más tardar
lo 'mas tar̄'ðar̄

Lo más temprano
lo 'mas tem'p̄rano

Lo mismo que...
lo 'mismo ke...

108

It's better
its ˈbetə

There's no reason why...
ðɛəz ˈnou ˈriːzən ˈwai...

For good
fə ˈgud

For ever
fər ˈevə

For a change
fər ə ˈtʃeindʒ

They day after tomorrow
ðə ˈdei ˈɑːftə təˈmɔrou

In advance
in ədˈvɑːns

For the moment
fə ðə ˈmoumənt

This way[1]
ˈðis ˈwei

In addition
in əˈdiʃən

In full
in ˈful

So to speak
ˈsou tə ˈspiːk

For example
fər igˈzɑːmpl

Más vale
mas ˈβale

No hay razón para que...
no ai r̄aˈθon para ke...

Para siempre
para ˈsjempr̄e

Para siempre
para ˈsjempr̄e

Para variar
para βariˈar̄

Pasado mañana
paˈsaðo maˈɲana

Por adelantado
por aðelanˈtaðo

Por ahora
por aˈora

Por aquí
por aˈki

Además
aðeˈmas

Por completo
por̄ komˈpleto

Por decirlo así
por̄ ðeˈθir̄lo aˈsi

Por ejemplo
por eˈxemplo

---

[1] Al indicar el camino.

For instance
fər ˈinstəns

Por ejemplo
por eˈxemplo

On the way
ɔn ðə ˈwei

Por el camino
por el kaˈmino

On the contrary
ɔn ðə ˈkɔntrəri

Por el contrario
por el konˈtr̄ario

That's why...
ˈðæts ˈwai...

Por eso es por que...
por ˈeso es por̄ ke...

At last
ət lɑ:st

Por fin
por̄ ˈfin

Along the street
əˈlɔŋ ðə ˈstri:t

Por la calle
por̄ la ˈkaʎe

In the morning
in ðə ˈmɔ:niŋ

Por la mañana
por̄ la maˈɲana

At night
ət ˈnait

Por la noche
por̄ la ˈnotʃe

On the radio
ɔn ðə ˈreidjou

Por la radio
por̄ la ˈr̄aðio

In the afternoon[1]
in ði ˈɑ:ftəˈnu:n

Por la tarde
por̄ la ˈtar̄ðe

In the evening[2]
in ði ˈi:vniŋ

Por la tarde
por̄ la ˈtar̄ðe

On television
ɔn ˈteliviʒən

Por la televisión
por̄ la teleβiˈsjon

At least
ət ˈli:st

Por lo menos
por̄ lo ˈmenos

---

[1] Hasta que anochece, aproximadamente.
[2] Después de anochecer, aproximadamente.

As far as I'm concerned
əz ˈfɑːr əz aim kənˈsəːnd

Por lo que a mí respecta
poȓ lo ke a ˈmi ȓesˈpegta

As far as I know
əz ˈfɑːr əz ai ˈnou

Por lo que yo sé
poȓ lo ke jo ˈse

On my part
ɔn mai ˈpɑːt

Por mi parte
poȓ mi ˈpaȓte

On the other hand
ɔn ði ˈʌðə ˈhænd

Por otra parte
por ˈotȓa ˈpaȓte

As a rule
əz ə ˈruːl

Por regla general
poȓ ˈȓegla xeneˈral

On the average
ɔn ði ˈævridʒ

Por término medio
poȓ ˈteȓmino ˈmeðio

Just for once
ˈdʒʌst fə ˈwʌns

Por una sola vez
por ˈuna sola ˈβeθ

On time
ɔn ˈtaim

Puntualmente
punˈtwalmente

So so
ˈsou ˈsou

Regular
ȓeɣuˈlaȓ

It's all over
its ˈɔːl ˈouvə

Se acabó
se akaˈβo

No doubt
ˈnou ˈdaut

Sin duda
sin ˈduða

So much the better
ˈsou ˈmʌtʃ ðə ˈbetə

Tanto mejor
ˈtanto meˈxoȓ

All day long
ˈɔːl ˈdei ˈlɔŋ

Todo el día
ˈtoðo el ˈdia

It's all over
its ˈɔːl ˈouvə

Todo se acabó
ˈtoðo se akaˈβo

Every day
'evri 'dei

Once a week
'wʌns ə 'wiːk

Once a day
'wʌns ə 'dei

Once more
'wʌns 'mɔː

Every other day
'evri 'ʌðə 'dei

Todos los días
'toðos los 'ðias

Una vez a la semana
una 'βeθ a la se'mana

Una vez al día
una 'βeθ al 'dia

Una vez más
una 'βeθ 'mas

Un día sí y otro no
un 'dia 'si j 'otro 'no